SCORPIO

Christophe André, Thomas D'Ansembourg,
Isabelle Filliozat, Éric Lambin, Jacques Lecomte,
Matthieu Ricard

DAS GEHEIMNIS EINER GLÜCKLICHEN SEELE

POSITIVE PSYCHOLOGIE IN DER PRAXIS

Herausgegeben von Ilios Kotsou und Caroline Lesire
Aus dem Französischen von Hanna van Laak

SCORPIO

Die französische Originalausgabe ist 2011 unter dem Titel *Psychologie positive: Le bonheur dans tous ses états* bei Éditions Jouvence, S.A., Chemin du Guillon 20, Chase 184, CH-1233 Bernex, erschienen.
www.editions-jouvence.com
info@editions-jouvence.com

FSC www.fsc.org
MIX
Papier aus verantwortungsvollen Quellen
FSC® C014496

Umschlaggestaltung und Motiv:
Hauptmann & Kompanie Werbeagentur, Zürich
Bildnachweis: siehe S. 141
Satz: BuchHaus Robert Gigler, München
Druck und Bindung: GGP Media GmbH, Pößneck
ISBN 978-3-95803-003-9

www.scorpio-verlag.de

INHALTSVERZEICHNIS

»Sei einen Augenblick glücklich.
Dieser Augenblick ist dein Leben.«

Omar Khayyan

EINFÜHRUNG

»Es gibt keinen Weg zum Glück,
das Glück ist der Weg.«
ORIENTALISCHES SPRICHWORT

Die Welt, wie sie uns in den Medien meist vermittelt wird, scheint mehr von Unglück, gierigem und egoistischem Handeln, Angst und innerem Rückzug beherrscht zu sein als von positivem und altruistischem Verhalten. Es genügt schon, den Fernseher einzuschalten, eine Zeitung aufzuschlagen oder den Themen der Gespräche in einem Café zuzuhören, damit uns klar wird: Unsere Wahrnehmung der Gegenwart wird von Katastrophen, Kriegen, politischen Skandalen oder Finanzdebakeln, Aggressionen und Verbrechen aller Art beherrscht.

Es lässt sich nicht leugnen, dass all diese Dinge existieren, aber tragen wir zur Verbesserung der Welt bei, indem wir unseren Blick nur auf das richten, was schiefläuft? Warum messen wir dem, was nicht funktioniert, so viel Bedeutung bei? Hängt das damit zusammen, dass es in früheren Zeiten notwendig war, potenzielle Gefahrenquellen möglichst schnell zu identifizieren, um ihnen zu entkommen? Aber ist ein solches Verhalten geeignet, die Entfaltung von Individuen, Gruppen und Institutionen zu gewährleisten?

Hat ein solcher auf das Negative fixierter Blick auf einem Planeten, der mit entscheidenden Herausforderungen in Hinblick auf die Verteilung der Ressourcen, soziale Gerechtigkeit und Achtung vor dem Leben konfrontiert ist, nicht möglicherweise eine kontraproduktive Wirkung insofern, als er uns individuell deprimiert und daran hindert, kollektiv zu handeln?

Infolgedessen besteht eine erste konkrete Umsetzung der Positiven Psychologie, die für jedermann zugänglich ist, darin, dass wir unseren Blick auch – und vor allem – auf all das richten, was gut läuft: Denken Sie zum Beispiel an all die solidarischen Initiativen, an die Anwandlungen von Großzügigkeit, die in unserer Gesellschaft gedeihen. Der nächste Schritt besteht dann darin, auch Taten folgen zu lassen, damit sie noch mehr Wirkung entfalten!

Auf den Seiten dieses Buches möchten wir Sie dazu einladen, die Positive Psychologie in Gesellschaft einiger Spezialisten dieser »Wissenschaft des Glücks« zu entdecken. Sie alle waren Teilnehmer an einem Gedankenaustausch im Rahmen eines Seminars, das im September 2010 in Brüssel zu folgenden Fragen organisiert wurde:

- *Was ist Glück?*
- *Ist es heute möglich, glücklich zu sein?*
- *Wie können wir unsere Fähigkeit/en, glücklich zu sein, fördern?*
- *Hat die Umwelt einen Einfluss auf unsere Wahrnehmung des Glücks?*
- *Ist das Glück ein »must«?*
- *Ist es möglich, individuelles Glück und kollektives Glück zu vereinbaren?*

Im ersten Kapitel führen wir Sie kurz in die Grundlagen der Positiven Psychologie ein.

Im zweiten Kapitel stellt **Christophe André** unsere vorgefassten Ideen über das Glück infrage und gibt uns einige konkrete Hinweise, wie wir das Glück fördern können.

Im dritten Kapitel führt **Isabelle Filliozat** ihre Gedanken zum Glück, insbesondere in der Familie, aus.

Anschließend hinterfragt **Thomas d'Ansembourg** unsere Beziehungen und erläutert, wie wir offener für andere werden, indem wir mehr bei uns selbst sind.

Der fünfte Beitrag von **Jacques Lecomte** zeigt, wie wirkungsvoll die Konzepte der Positiven Psychologie als Instrumente der gesellschaftlichen Veränderung eingesetzt werden können.

Éric Lambin erklärt uns anschließend, wie unser inneres Gleichgewicht und das des Planeten zusammenhängen.

Matthieu Ricard beleuchtet das Thema schließlich aus buddhistischer Sicht und unterstreicht dabei insbesondere die Bedeutung von Empathie und Mitgefühl für unser eigenes Wohlbefinden und das unserer Umgebung.

Abschließend gehen wir auf die globalen Implikationen dieses Ansatzes ein und auf unsere – individuelle wie kollektive – Verantwortung in Bezug auf die Welt, in der wir leben.

Jedem Kapitel geht ein Zitat voraus und im Anschluss folgen einige praktische Übungen oder Empfehlungen.

Dieses Buch will Denkanstöße geben, aber zugleich Aufforderung zum Handeln sein: Die Transformation speist sich zwar aus Bewusstwerdung, aber sie wird nur in jeder unserer konkreten Verhaltensweisen Wirklichkeit.

Viel Freude beim Entdecken!
Ilios Kotsou und Caroline Lesire

EIN ZEN-MÄRCHEN VOLLER WEISHEIT ZU BEGINN

AM FUSSE EINES BERGES lebte ein sehr geschickter Steinmetz. Er war äußerst begabt darin, den richtigen Stein auszuwählen, ihn zu gewinnen und ihn gekonnt zu bearbeiten. Trotz seiner harten Arbeit war er jedoch nicht sehr wohlhabend und konnte nur mit Mühe für den Unterhalt seiner Familie sorgen. Das hinderte ihn jedoch nicht daran, ein fröhlicher Mensch zu sein und jeden Morgen lächelnd und pfeifend zu seiner Arbeit aufzubrechen.

Eines Tages ließ ihn einer der reichsten Händler der Stadt, der von seiner Kunstfertigkeit gehört hatte, zu sich kommen, um eine Arbeit in Auftrag zu geben. Während dieser Arbeit hatte der Steinmetz reichlich Zeit, um den verschwenderischen Wohlstand des Mannes zu ermessen ... und er begann ihn heimlich zu beneiden. »Warum gelingt es mir nur mit Mühe, meine Frau und meine zwei Kinder zu ernähren, obwohl ich so hart arbeite, während dieser untätige

Kaufmann umgeben von Brokat, erlesenen Gerichten und Konkubinen lebt?«

Am nächsten Tag hatte unser Steinmetz sein Lächeln verloren. Mit hängenden Schultern ging er in die Berge, um seine Steine zu suchen. »Ich wäre so viel glücklicher, wenn ich das Leben dieses Kaufmanns haben könnte«, dachte er bei sich. Unterwegs kam er an der Grotte eines alten Einsiedlers vorbei, der seit langer Zeit in den Bergen lebte und seine Gedanken hörte. »So soll es sein«, sagte der weise Alte und schnippte mit den Fingern.

Am nächsten Tag erwachte unser Steinmetz in den Brokatgewändern des Kaufmanns. Er verspeiste die köstlichsten Gerichte, bis er nicht mehr konnte, wandelte durch die verschiedenen Räume seines Anwesens und verspürte sodann in heller Aufregung über sein Glück Lust, durch die Stadt zu spazieren, um sein neues Leben noch mehr auszukosten.

Er schlenderte nicht lange umher, als er unversehens angeschrien, gestoßen und dann an den Straßenrand geschubst wurde. In Träumereien über sein neues Leben versunken hatte unser Steinmetz den Tragsessel des Präfekten aufgehalten, der im Dorf eine Inspektionsrunde drehte. Der Präfekt war sehr ungehalten und ließ ihm hundert Stockhiebe verabreichen, um ihn Respekt zu lehren. »Oh!«, sagte sich der Steinmetz, »ich bin nicht sehr viel wert, wenn ein einfacher Präfekt so mit mir umspringen kann. Wie viel glücklicher wäre ich an seiner Stelle.«

Der alte Weise hörte ihn, schnippte mit den Fingern, und unser Steinmetz fand sich als Präfekt wieder. Er genoss diese neue Position, das Ansehen und die Reichtümer des Mandarin-Palastes, als er kurz darauf zum Kaiser gerufen wurde. Dieser ließ den Präfekten, angestachelt von einigen seiner

Kurtisanen, wissen, dass er in Ungnade gefallen sei, weil er nicht genug zur königlichen Schatzkammer beigesteuert hatte.

Der neue Präfekt wurde abgelöst und an die fernen Grenzen des Reichs geschickt, um die Barbaren zu bekämpfen. »Was für ein Unglück«, dachte sich der Steinmetz, »Kaiser, das würde mich wirklich glücklich machen.«

Gesagt, getan: Der alte Weise schnippte mit den Fingern, und der Steinmetz fand sich auf dem Thron des Kaisers wieder. Als er die Verbotene Stadt entdeckte, traute unser Steinmetz seinen Augen nicht. Es gab so viele Wunderwerke darin, dass er nicht wusste, wohin er blicken sollte. Seine Kurtisanen senkten den Kopf, wenn er vorbeiging, und seine geringsten Wünsche wurden erfüllt, bevor er sie äußern konnte. »Ich bin der mächtigste Mann auf der Welt«, dachte der Steinmetz auf dem Gipfel des Glücks bei sich.

Er vernachlässigte sein Volk und erging sich in den kaiserlichen Vergnügungen, bis man ihn wissen ließ, dass vor den Toren des Palasts ein Aufruhr drohte. Das Land litt unter einer nie dagewesenen Dürre, und das Volk, das von den übermäßigen Steuern für den Unterhalt seiner Führer niedergedrückt wurde, war von einer Hungersnot bedroht. Der Steinmetz begriff, dass die Sonne, die sein Reich verdorrte, mächtiger war als er.

Kaum hatte er diesen Gedanken gehabt, da thronte er schon majestätisch am Himmel. Von dort aus konnte er der ganzen Erde seine Macht auferlegen: eine Landschaft wärmen oder verbrennen, streicheln und erleuchten, was immer ihm gefiel. Niemand konnte sich ihm widersetzen. Bis zu dem Tag, da etwas sich vor ihn schob. Die Sonne konnte scheinen, so stark sie wollte, die Wolke verfinsterte sie und machte sie dann ganz blind. Da wünschte sich unser Steinmetz, er möge diese Wolke sein. Der Weise schnippte mit den Fingern, und der zur Wolke gewordene Steinmetz spielte mit der Sonne und vergnügte sich damit, ganze Kontinente zu überfluten. Bis zu dem Tag, da er unvermittelt angestoßen wurde. Er versuchte zwar zu widerstehen, wurde jedoch alsbald von einem Windstoß davongetragen, der ihn in alle Himmelsrichtungen warf. Wieder hatte er seinen Meister gefunden. »Das hier ist ohne jeden Zweifel das Mächtigste und Unangreifbarste im ganzen Universum«, sagte er sich.

Durch die Gunst des Weisen zum Wind geworden, amüsierte er sich damit, mit den Wolken zu spielen, die Kopfbedeckungen der Würdenträger des Reichs davonzutragen oder jungen Mädchen die Schirme aus der Hand zu reißen. Bis zu dem Moment, da er etwas Hartes, Festes vor sich spürte.

So viel er auch blies, stieß und stürmte, das Gebirge blieb ungerührt und bewegte sich nicht. »Warum habe ich nicht schon früher daran gedacht?«, wunderte sich der Steinmetz. »Aber natürlich, diese Ruhe, diese Majestät, diese Macht: Das ist die wahre Verkörperung ewiger Harmonie und ewigen Glücks.«

Der alte Weise schnippte noch einmal mit den Fingern. Berg geworden lebte unser Steinmetz in der Seligkeit der Unsterblichen. Er konnte die Sonne ebenso ignorieren wie den Regen oder die gewaltigsten Winde. Eine ganze Weile lang genoss er dieses Glück ... bis zu dem Augenblick, als er ein leichtes Unwohlsein verspürte. Ein leichtes Kratzen, einen Juckreiz, der schnell unerträglich wurde. Als er durch die Wolken nach unten blickte, sah er ein winziges Menschlein, einen erbärmlichen Sterblichen, der einen Vorschlaghammer in der Hand hielt ... es war ein Steinmetz.

Als unser Steinmetz an diesem Abend nach dieser langen Reise wieder am Fuß des Berges anlangte, bewunderte er die Landschaft, als sähe er sie zum ersten Mal. Er wanderte lächelnd nach Hause, betrachtete dankbar seine Frau und seine Kinder und machte sich fröhlich pfeifend an die Arbeit.

POSITIVE PSYCHOLOGIE: DIE WISSENSCHAFT VOM GLÜCK?

Ilios Kotsou und Caroline Lesire

Unter Positiver Psychologie versteht man die Untersuchung der Bedingungen und Prozesse, die zur Entfaltung und zum optimalen Funktionieren von Individuen, Gruppen und Institutionen beitragen.[1] Obgleich man sie oft mit einer »Psychologie des Glücks« in Verbindung bringt, weil sie sich mit den Bedingungen befasst, die es ermöglichen, das zu leben, was Aristoteles als »höchstes Gut« bezeichnete, geht es ihr nicht darum, unsere Kenntnisse über das Leiden und die Mittel zu seiner Linderung beiseitezuschieben. Tatsächlich lenkt die Positive Psychologie unsere Aufmerksamkeit darauf, dass es neben den individuellen und kollektiven Problemen ein sinnerfülltes Leben voller Potenziale gibt.[2]

Manche Leute behaupten, diese psychologische Richtung würde das Leben »in Rosarot« malen oder zu einer Nabelschau aufrufen, tatsächlich gilt ihr Interesse jedoch gleichermaßen Individuen wie interpersonellen Beziehungen, Organisationsfragen und sozialen oder auch politischen Problemen. Es handelt sich im Übrigen nicht um ein neues Allheilmittel. Wie Sie im Verlauf dieser Seiten feststellen werden, sind die grundlegenden Prinzipien der Positiven Psychologie Jahrtausende alt, und viele von uns praktizieren Positive Psychologie im Alltagsleben, ohne sich dessen bewusst zu sein! Sie stellt in unseren Augen eine Quelle der Hoffnung dar, und das werden wir im gesamten Verlauf dieses Buches verdeutlichen.

DIE URSPRÜNGE DER POSITIVEN PSYCHOLOGIE

Die Begründer der Positiven Psychologie sind in erster Linie die humanistischen Psychologen Carl Rogers und Abraham Maslow. In den 1960er-Jahren formulierte Carl Rogers das Konzept vom »optimalen Funktionieren der Persönlichkeit«.[3] Abraham Maslow[4] wiederum interessierte sich besonders für die Potenziale seiner Patienten und nicht nur für ihre Störungen. Bis zu diesem Zeitpunkt wurde psychische Gesundheit im Großen und Ganzen *ex negativo* definiert, also als Fehlen von Symptomen oder sichtbaren Verhaltensstörungen. Unter dem Einfluss insbesondere dieser Vorgänger schlug die Positive Psychologie eine positive Definition vor: Psychische Gesundheit bezeichnet einen Zustand des Wohlbefindens, in dem das Individuum fähig ist, seine Ressourcen zu mobilisieren, um seine Schwierigkeiten zu bewältigen, sich zu entfalten und einen positiven Beitrag zum Funktionieren der Gesellschaft zu leisten. Diese Ressourcen sind vor allem Empathie, Kreativität, Dankbarkeit, Gerechtigkeitssinn, Optimismus und Verzeihen.

Die Arbeiten der Positiven Psychologie zeigen uns, dass man oft bessere Ergebnisse erzielt, wenn man auch die Stärken,

Qualitäten und Ressourcen eines Individuums, eines Kollektivs oder auch einer Gesellschaft miteinbezieht, anstatt sich nur auf die pathologischen Aspekte zu beschränken. Wenn wir uns ausschließlich auf das konzentrieren, was nicht funktioniert, dann laufen wir Gefahr, unsere Offenheit und unsere Kreativität zu beschneiden, ja diese Haltung selbst kann zu einem Problem werden. Einstein sagte übrigens zu diesem Punkt, dass man ein Problem nicht mit der gleichen Denkweise lösen könne, die es hervorgebracht habe.

Heute beschäftigen sich unter dem Eindruck von Forschern wie Martin Seligman,[5] Barbara Fredrickson,[6] Sonja Lyubomirsky[7] oder Daniel Gilbert[8] zahlreiche wissenschaftliche Arbeiten mit der Frage, was Glück ist, wie man es messen kann, was Individuen glücklich macht und sie befähigt, besser in der Gesellschaft zu leben, widerstandsfähige Organisationen zu schaffen, Konflikte kreativer zu lösen oder nachhaltiger mit ihrer Umwelt umzugehen.

Zu Maslows Zeiten standen nur wenige standardisierte Messinstrumente zur Validierung dieser Begriffe zur Verfügung. Heute tragen moderne Methoden dazu bei, diese Fragen zu beantworten oder wichtige intuitive Annahmen zu bestätigen, die nie validiert wurden. Beispielsweise zeigen uns die Fortschritte in den Neurowissenschaften, dass das Gehirn eines Erwachsenen im Gegensatz zu dem, was man früher glaubte, seine Plastizität bewahrt, das heißt, dass es sich noch verändern und bis zum Lebensende entwickeln kann.

Untersuchungen über die Neuroplastizität des Gehirns, die insbesondere an Meditierenden durchgeführt wurden, haben gezeigt, dass ein regelmäßiges mentales Training einen messbaren Einfluss auf das Gehirn und das Immunsystem hat, aber auch auf die Wahrnehmung und Akzeptanz von Schmerz.

POSITIVE EMOTIONEN FÖRDERN UND TEILEN

Andere Forschungen haben bewiesen, dass Erwachsene lernen können, ihre Emotionen besser zu regulieren, und dass damit positive Wirkungen auf ihre Gesundheit und ihr Wohlbefinden verbunden sind. Schließlich deuten zahlreiche Untersuchungen darauf hin, dass einfache Übungen bestimmte positive emotionale Erfahrungen fördern (etwa Dankbarkeit oder von uns oder uns Nahestehenden positiv erlebte Momente) und unsere Lebensqualität erheblich verbessern können. Die Psychologin Barbara Fredrickson ist der Ansicht, dass positive Gefühle uns helfen, unser Wahrnehmungs- und Verhaltensspektrum zu erweitern (die Bandbreite unserer Gedanken und Handlungen) und neue und dauerhafte persönliche Ressourcen zu erschließen.

Die Forschungen von John Gottman[9] über Paare sowie die der Professoren Fredrickson und Losada[10] über Organisationen zeigen etwas Wichtiges über menschliches Miteinander. Wenn man messen will, wie hoch das Potenzial von Paaren oder Gruppen ist, Erfüllung und Entfaltung zu ermöglichen (auch »flourishing« genannt nach dem englischen Begriff für »blühen« oder »gedeihen«), dann ist eine entscheidende Variable ihre Fähigkeit, auch in schwierigen Situationen weiterhin positiv zu kommunizieren. Nach Ansicht der Forscher liegt der Schlüssel dazu im Verhältnis von positiven zu negativen Interaktionen. Sie haben sogar einen »flourishing-Quotienten« von 2,9 definiert. In einem Paar, einem Team oder einer Organisation sollte im Durchschnitt auf 2,9 positive Interaktionen eine schwierige kommen, damit Erfüllung und Entfaltung möglich sind. Die Psychologin Shelly Gable[11] hat untersucht, welche Folgen es hat, wenn solche positiven Interaktionen vermehrt im

Alltag stattfinden. In Partnerschaften, in denen sich jeder über den Erfolg des anderen freut (anstatt ihn zu ignorieren oder herabzusetzen), lässt sich beispielsweise vorhersagen, dass sie verliebter, engagierter und mit ihrer Beziehung zufriedener sind.

Positive Gefühle haben einen sehr wichtigen Einfluss auf unser Leben, aber man darf sie nicht mit der schlichten Suche nach Vergnügen verwechseln: Engagement (in einer Beziehung, für eine Gemeinschaft) und die Fähigkeit, unserem Handeln einen Sinn zu verleihen (zum Beispiel andere glücklich zu machen), stellen offenbar zwei zentrale Faktoren dauerhaften Glücks dar.

Zahlreiche Untersuchungen zeigen, dass positive Emotionen soziale Veränderungen begünstigen, denn sie fördern Engagement und bürgerliche Eigenverantwortung und stärken den gesellschaftlichen Zusammenhalt. Das unterstreicht die Bedeutung der Bindungen und Beziehungen, die wir zu anderen oder in einem globaleren Sinne zum Ökosystem unterhalten, ohne die kein Leben möglich ist.

In die gleiche Richtung zielt beispielsweise die Bewegung *Simple Living*, in der es um *freiwillige Einfachheit* geht: mehr Beziehungen, weniger Besitz.[12] Positive Emotionen sind in der Tat im Gegensatz zu materiellen Gütern unerschöpflich und vermehren sich, wenn man sie teilt. Lassen Sie uns davon profitieren, um unserem Alltag neuen Zauber zu verleihen!

DIE DREI EBENEN DER POSITIVEN PSYCHOLOGIE

Die Positive Psychologie wirft auf drei Ebenen ein neues Licht auf unsere Verhaltensweisen und Interaktionen: in individueller, interpersoneller und gesellschaftlicher Hinsicht. Sie befasst sich insbesondere mit folgenden Themen:

- *Auf der individuellen Ebene:* Wohlbefinden und Glück, Kreativität, Gefühl persönlicher Selbstverwirklichung, Selbstachtung, Humor, Lebensgefühl, Optimismus;
- *Auf der interpersonellen Ebene:* Altruismus, Freundschaft und Liebe, Kooperation, Empathie, Verzeihen, Erziehung;
- *Auf der gesellschaftlichen Ebene:* Mut, politisches Engagement, internationale Beziehungen, Pazifizierung

Sie fordert uns auf, darüber nachzudenken, auf welche Weise wir einen realistischen Beitrag zu einer Welt leisten können, in der für eine größere Zahl von Menschen mehr Wohlbefinden möglich wäre.

› ÜBUNGEN ‹

Auf das Positive achten

Achten Sie auf die positiven Dinge in Ihrer Umgebung, auf die kleinen alltäglichen Erfolge der Menschen in Ihrer Nähe. Wenn Sie eine gute Nachricht hören, dann nehmen Sie sie in »aktiv-konstruktiver« Weise auf.

- Hören Sie der Person, die Ihnen von dem positiven Ereignis erzählt, aktiv und empathisch zu.
- Bringen Sie auf authentische Art Ihre Freude und Ihre Begeisterung zum Ausdruck.
- Stellen Sie konstruktive Fragen über dieses Ereignis: »Wie hast du dich dabei gefühlt?«
- Erwähnen Sie das positive Ereignis bei einem Gespräch in naher Zukunft wieder, um die positiven Wirkungen des Ereignisses zeitlich auszudehnen.

Diese Haltung unterscheidet sich deutlich von einem destruktiven Verhalten (das die problematischen Seiten einer positiven Neuigkeit hervorheben würde) oder von Gleichgültigkeit.

In jeder Situation das Gute hervorheben

Der Professor für Organisationspsychologie David Cooperrider[13] hat diese Haltung in einem Konzept formalisiert, das er als »appreciative investigation« bezeichnete. Es geht also um eine wohlwollende Erforschung. Sie besteht darin, dass man sich einer Gruppe oder Organisation annähert, indem man ihre positiven Seiten zum Ausgangspunkt macht.

Hier sind die vier Phasen dieses Prozesses, die bei Veränderungen in unseren Organisationen berücksichtigt werden sollten:

1. Die Entdeckung: »Was funktioniert gut?«
2. Der Traum: »Wohin wollen wir?«
3. Der Aufbau: »Wie verwirklichen wir das?«
4. Die Unterstützung: »Wie unterstützen wir diese Veränderungen dauerhaft?«

DIE LEKTIONEN DES GLÜCKS: NICHT GANZ DAS, WAS SIE GLAUBEN …

Christophe André

»Viele sagen: Wer wird uns Gutes sehen lassen?«
Psalm 4:6

Das Glück interessierte mich schon immer, als Person (doch darüber werde ich hier nicht sprechen) und als Arzt (darüber jedoch wohl). Anfangs schämte ich mich ein wenig, das meinen Kollegen zu offenbaren: Das Glück war zumindest in Frankreich immer Gegenstand vieler Vorurteile und zahlreicher falscher Vorstellungen. »Glück macht egoistisch«, »Glück verweichlicht«, »Glück schärft nicht den Verstand« und so weiter. Ich glaubte selbstverständlich kein Wort davon, aber ich sagte nichts dazu, denn die Diskussionen mit meinen Kollegen über dieses Thema mündeten schnell in gegenseitiges Unverständnis. Dennoch beschloss ich, ein Buch über die Psychologie des Glücks zu verfassen.[14] Es wurde ein großer Erfolg: Das war eine Erleichterung. Zusätzliche Erleichterung entstand, als mir bewusst wurde, dass ich keinesfalls der Einzige war, der sich für die Idee des Glücks interessierte, und als ich durch eines seiner Bücher[15] entdeckte, dass auch Matthieu Ricard ein glühender Verfechter davon war. Und als die Strömung der Positiven Psychologie an Bedeutung gewann, war es nicht mehr Erleichterung, sondern Jubel! Doch es sollte noch einige Zeit vergehen, bis die wissenschaftliche Gemeinschaft sich endlich Voltaire anschloss (»*Ich habe beschlossen, glücklich zu sein, weil das gut für die Gesundheit ist*«) und wieder an die Philosophie der Antike und ihrer Autoren wie Marc Aurel, Seneca und Epiktet anknüpfte, für die das Glück eine Frage von allergrößter Bedeutung war. Heute hat die Wissenschaft gezeigt, dass Glück und positive Gefühlszustände ein Schutzfaktor für die Gesundheit sind und zugleich ein Instrument, um verletzbaren Menschen zu helfen.[16] Endlich!

WAS IST DAS, GLÜCK?

Glück ist Wohlbefinden, dessen man sich bewusst wird. Ohne diese Bewusstwerdung kann man sein ganzes Leben am Glück vorbeilaufen. Dabei kann unser Leben uns Wohlbefinden schenken: etwas zum Essen, zum Schlafen, zum Anziehen haben, sich beschäftigen, Angehörige, Freunde haben, warmes Wasser zum Duschen, in einer Demokratie leben und so fort. Doch wenn wir uns dessen nicht bewusst sind, gibt es nur Wohlbefinden und Komfort. Auch nicht schlecht, aber ein bisschen zu kurz gegriffen …

Denn ohne Bewusstsein haben wir vielleicht auch ein Gefühl von Leere, Mangel, Scheitern. Wenn wir nicht bewusst leben, dann erleben wir nur ein verlorenes Glück, ein Glück im Nachhinein, wie in dem Gedicht von Raymond Radiguet *Les Adieux du coq* (»Abschied des Hahns«) deutlich wird: »Glück, ich habe dich nur an dem Geräusch erkannt / das du beim Weggehen gemacht hast.« Denn das Glück ist eine Form des transzendierten Wohlbefindens: Durch die Bewegung unseres Bewusstseins erheben wir unser Wohlbefinden (sich entspannt, ruhig fühlen, schöne Dinge genießen) zu etwas Stärkerem. Aber nicht unbedingt Einfacherem.

WARUM IST DAS GLÜCK KEIN ROSAROTER LUFTBALLON?

Weil eben dieses Bewusstsein uns zwar das Glück in seiner Fülle empfinden lässt, zugleich aber seinen flüchtigen und damit tragischen Charakter offenbart. So sind wir zwischen den Extremen des Glücks in der Zwickmühle: zwischen seinem trivialen Charakter, der manchmal in seiner Zärtlichkeit und Schlichtheit ein wenig einfältig wirkt, und seiner beeindruckenden, furchteinflößenden, grandiosen Seite, denn es bringt uns mit dem Kern von Leben und Tod in Berührung.

Deshalb glaube ich, dass man nicht immer alles »in positivem Licht« sehen sollte, wie man manchmal hört. Jedenfalls nicht in einem fort und nicht egal wie. Ich sage nie zu meinen Patienten, sie sollten die Dinge positiv sehen, nie einfach so. Selbst wenn ich im Grunde glaube, dass man das mehr oder weniger tun sollte, und wenn ich letzten Endes denke, dass die, die das tun, recht haben. Doch solche Aufforderungen zum positiven Denken werfen zwei Probleme auf: Erstens: Falls eine positive Einstellung bedeutet, dass man die Existenz von Problemen und Leiden leugnet, dass man ihnen ihren Platz in uns verweigert, dann ist das Heilmittel schlimmer als das Übel. Zweitens: Es ist manchmal obszön, das so zu sagen. So würdig und ernst mir das Streben erscheint, »sich dem Glück zu nähern«, so kompatibel es mit Trauer und Leid ist, so sehr erscheint es mir als ein würdeloses und wirklichkeitsfernes Unterfangen, alles »in positivem Licht sehen zu wollen«.

DAS GLÜCK ALS TRAGISCHE ERFAHRUNG AKZEPTIEREN

Das menschliche Glück ist folglich mit einer doppelten und unauflösbaren Bewegung unseres Bewusstseins verbunden.

Die erste Seite dieser Bewegung ist dem Wohlbefinden zugewandt: das Glück als Akt der Bewusstwerdung, in dem wir spüren, wie angenehm es ist, unter guten Umständen zu leben.

Die zweite ist dem Tod zugewandt: Wir sind *morituri*, Todgeweihte, und wir sind uns vor allem dessen bewusst, dass wir sterblich sind. Das Glück ist dann unser Gegengift gegen die zwanghafte Angst vor dem Tod, denn es schenkt uns überschwängliche Augenblicke der Unsterblichkeit, Momente, in denen die Zeit aufgehoben ist, stillsteht, ja sogar abgeschafft ist. Zugleich aber transportiert es eine machtvolle und destabilisierende Botschaft der Flüchtigkeit: Am Ende verschwindet das Glück immer und die Menschen sterben.

Das Glück ist folglich ein »tragisches« Gefühl in dem Sinne, dass den Momenten, in denen wir uns eines Schicksals oder einer auf uns lastenden Fatalität bewusst werden, etwas Tragisches anhaftet. Tragik bedeutet, die Widrigkeit der menschlichen Existenz – Leid, Tod – zu akzeptieren und anzunehmen. Und das Glück ist die Antwort auf die tragische Frage: Wie kann ich damit leben?

Das Glück als eine flüchtige Erfahrung akzeptieren: die subtilen und ergreifenden Glücksmomente der Vergangenheit. Die Intensität und der Schmerz des Glücks beruhen also auf seiner Flüchtigkeit. Das zeigt uns unsere persönliche Erfahrung, aber auch viele Forschungen belegen das. Wenn man beispielsweise Versuchspersonen bittet, sich vorzustellen, sie befänden sich an einem Ort, der ihnen viel bedeutet, allerdings zum letzten Mal, dann sind ihre Gefühle sicher positiv, aber nuancierter und gemischter als die von Versuchspersonen, die man einfach auffordert, sich diesen angenehmen Ort ohne weitere Anweisung vorzustellen.[17] Der Reichtum und die Nuanciertheit unserer emotionalen Glückserfahrungen entspringen eher diesen Gefühlszuständen, die vom Bewusstsein um die Endlichkeit unseres Glücks, von seinem sterblichen und vergänglichen Charakter durchdrungen sind, als den großen, ungebrochenen Hochgefühlen von Glück (die auch ein bisschen »dumm«, animalisch, vorhersehbar sind). Eben dieses Wissen um die lückenhafte Dimension des Glücks befähigt uns, die Erfahrung des Augenblicks auf größere zeitliche Horizonte auszuweiten: Das ist der Grund, weshalb ein einziger Augenblick des Glücks uns von der Ewigkeit kosten lassen kann.

Andere Arbeiten zeigen, dass wir ganz allgemein sinnerfüllte Aktivitäten umso stärker suchen und bevorzugen, je mehr wir uns dessen bewusst sind, dass unsere Zeit beschränkt ist; und sei es nur ganz banal, ohne dramatische Bedeutung, wie etwa bei einem Laborexperiment, das wir in einer begrenzten Zeit durchführen müssen.[18] Ein guter Weg, um unsere existenziellen Ängste produktiv zu wenden (den wir im Übrigen auch unseren Patienten nahelegen): Je mehr Angst ich habe, umso wichtiger ist es, dass ich mich mit dem beschäftige, was wirklich zählt in meinem Leben, um zu handeln, mich ihm anzunähern und es hier und jetzt zu genießen.

GLÜCK UND UNSERE SICHT DER WELT

Die meisten Untersuchungen über das Gefühl, ob man ein glückliches Leben führt, zeigen, dass dieser Eindruck eher auf einer Häufung und Wiederholung kleiner, angenehmer Gefühlszustände, auf kurzen Aufwallungen »kleiner« Glücksmomente beruht als auf großen Hochgefühlen und überschwänglichen Freudenausbrüchen.[19] Das Gerüst unseres Glücks entsteht aus dem Gewebe der Momente, in denen wir uns wohlfühlen: ein Moment mit einem uns nahestehenden Menschen, ein Spaziergang an einem schönen Ort, eine anregende Lektüre, eine Musik, die uns berührt …

Es gibt viele Gefühlszustände, die mit Glück zusammenhängen: Ausgelassenheit, Leichtigkeit, Vertrauen, Stärke, Harmonie, Erfüllung, innerer Frieden, Gelassenheit; Gefühle der Zugehörigkeit, Geschwisterlichkeit und alle Gefühlszustände, die mit sozialen Bindungen verknüpft sind. Das Glück gleicht so einer beeindruckenden Schalttafel: All diese angenehmen Gefühlszustände bilden ihre winzigen Tasten. Doch es gibt, wie wir festgestellt haben, auch die dunkleren Tasten negativer Empfindungen, die dazu führen, dass das Ergebnis nicht rosarot aussieht. Es ist sogar überhaupt nie rosarot, zumindest nicht im wahren Leben. Die romantischen Dichter wie Chateaubriand sollen uns daran erinnern: »Die Tänze finden auf dem Staub der Toten statt, und die Gräber wachsen unter den Füßen der Freude.«[20] Immer die Nähe von Glück und Tragik: Auf Dauer kann es kein unbewusstes oder sorgloses Glück geben.

Darin liegen die Grenzen einer Anschauung, die im Glück nur eine Anhäufung und Wiederholung von Vergnügungen sieht. Wir müssen auch das Glück als Ergebnis eines sinnerfüllten Lebens in Betracht ziehen. Diese beiden Wege ergänzen und verstärken einander, mehr noch, sie sind wechselseitig aufeinander angewiesen. Das Glück beruht auf glücklichen Augenblicken, aber es ist nicht nur das: Es ist auch die Vereinigung dieser glücklichen Augenblicke zu einer Wahrnehmung der eigenen Existenz im Dienste eines bestimmten Sinns. Doch um ein sinnerfülltes Leben aufzubauen braucht man, sofern man nicht eine

Ausnahmeerscheinung ist, Energie, Ausdauer und Zuversicht. Woraus aber können wir diesen Elan und diese Beständigkeit schöpfen, wenn nicht aus der Freude am Leben, aus diesen positiven Gefühlszuständen, die uns helfen, unsere einzelnen Lebensmomente zu einer Gesamtwahrnehmung zu vereinen?

Das genau zeigt die Wissenschaft heute: Positive Gefühlszustände fördern das Gefühl der persönlichen Kohärenz und tragen dazu bei, dass man den Sinn des Lebens erkennt. Dank dieser positiven Gefühlszustände sind wir in der Lage, den Wald als Ganzes zu sehen und nicht nur die einzelnen Bäume.[21] Und wir sind auch in der Lage, den Wald wachsen und nicht nur die Bäume fallen zu hören. Studien, in denen der Zusammenhang zwischen der Häufigkeit positiver Gefühlszustände und dem Gefühl eines sinnerfüllten Lebens untersucht wird, kommen zu dem Schluss, dass zwischen beiden eine enge Verbindung besteht:[22] Ob wir das Gefühl haben, dass unser Leben zu einem bestimmten Zeitpunkt einen Sinn hat, lässt sich am besten über das Vorhandensein positiver Gefühlszustände in eben diesem Zeitraum vorhersagen.

KANN MAN LERNEN, GLÜCK ZU EMPFINDEN?

Genetische Vererbung und die Vergangenheit spielen eine große Rolle für die individuelle Fähigkeit zu psychischem Wohlbefinden.[23] Und in Sachen Glück herrschen dieselben Ungleichheiten wie in allen anderen Dimensionen der menschlichen Persönlichkeit auch, sei es Schönheit, Gesundheit, Intelligenz ... Doch wie bei jenen Ungleichheiten kann man auch in diesem Fall die Abweichungen durch regelmäßige Anstrengungen erheblich verringern. Auch hier verhält es sich ebenso wie in anderen Bereichen: Schönheit ist zum großen Teil genetisch bedingt, nicht aber Charme; auch die Gesundheit hat eine genetische Grundlage, aber das kann man durch eine gesunde Lebensweise ausgleichen; Intelligenz ist ebenfalls zum Teil vererbt, doch sie wird noch zunehmen, wenn wir geduldig an Fortschritten arbeiten.

Das gleiche gilt für das Glück, und die Metaanalyen der großen wissenschaftlichen Untersuchungen deuten auf die folgende Verteilung hin: Etwa fünfzig Prozent unserer Fähigkeit zum Glücklichsein hängen nicht von uns ab, sondern von unserer genetischen Ausstattung und unserer Vergangenheit; circa zehn Prozent werden von der materiellen Umgebung bestimmt, in der wir leben (Demokratie oder Diktatur, graues oder sonniges Wetter, Land oder Vorort …). Vierzig Prozent jedoch hängen von unseren eigenen regelmäßigen Anstrengungen ab.[24] Das ist nicht so schlecht.

Zum anderen handelt es sich bei den fünfzig Prozent, die zunächst einmal nicht oder nicht mehr von uns abhängen, nur um in der Vergangenheit erworbene *Tendenzen*, die sich wie Reflexe oder Autopiloten spontan in Gang setzen. Diese Tendenzen sind sicherlich stark, aber man kann lernen, sie zu beeinflussen. Wir haben als Primaten ja auch die biologische Neigung geerbt, zu schreien und um uns zu schlagen, wenn man uns nicht unseren Willen lässt, oder uns etwas zu nehmen, wenn wir Lust darauf haben – doch die meisten von uns schaffen es (im Allgemeinen), sie zu beherrschen! Und auch wenn der Wunsch, sich selbst zu verletzen, sich unglücklich zu machen oder sich vom Glück fernzuhalten, einmal in uns entstanden ist (und das ist manchmal schwer zu verhindern), bleibt uns danach immer noch ein Spielraum, um diesen »Befehlen« aus unserer Vergangenheit nicht zu gehorchen,[25] auch wenn uns das Leben anfänglich »übel mitgespielt hat«.[26]

SICH GLÜCKLICH MACHEN?

Welche Anstrengungen sollen wir also unternehmen? Was sind die Tricks? In Wirklichkeit wissen Sie bereits alles, was Sie wissen müssen. Die Wege zum Glück sind in den meisten Fällen eine Sache des gesunden Menschenverstands. Die meisten Menschen wissen ganz genau, zumindest intuitiv, was für ihr Glück wichtig ist. Wenn sie gezwungen sind, darüber nachzudenken, meist aufgrund eines Dramas in ihrem Leben (eine schwere Krankheit oder der Tod eines lieben Menschen), dann »entdecken« sie nicht, was glücklich macht, sondern ihnen wird schlicht bewusst, dass sie sich schon früher darum hätten kümmern müssen.

Glück kann man nicht durch die Entdeckung von Dingen erreichen, die man zuvor nicht kannte, sondern indem man sich die Wichtigkeit dessen bewusst macht, was man bereits wusste. Ein kleines Beispiel: In einer Untersuchung an jungen Müttern stellte man anhand der erhobenen Daten über ihre emotionale Stimmungslage fest, dass sie die mit ihren Kindern verbrachte Zeit kaum als positive Erfahrung erlebten. Aus dem einfachen Grund, weil sie »im Kopf« nicht bei ihren Kindern waren, sondern versuchten, gleichzeitig etwas anderes zu machen (Haushalt, Einkaufen, Telefonieren ...) und ihre Sprösslinge sie dabei nur störten. Daher dieses Paradox: Am Ende empfanden sie die gemeinsame Zeit mit ihren Kindern als unangenehm und waren von negativen Gefühlen beherrscht.[27] Obwohl unsere Kinder unser kostbarstes Gut sind, nehmen wir sie oft im Moment als belastend oder stressig wahr, weil wir gleichzeitig etwas anderes machen wollen, wenn wir mit ihnen zusammen sind. Und wenn wir das alles ändern würden?

› ÜBUNGEN ‹

Lächeln

Schon lange weiß man, dass Lächeln das Leben schöner macht. Das Lächeln, das wir auf den Gesichtern der anderen sehen, aber auch das, das sich auf unserem eigenen Gesicht abzeichnet. Die Wirkung tritt unmittelbar ein,[28] aber sie hält auch langfristig an.[29]

Man sollte sich natürlich nicht zum Lächeln zwingen, wenn man sehr unglücklich ist oder große Sorgen hat. Warum aber sollten wir nicht mehr lächeln, wenn alles einigermaßen gut läuft in unserem Leben, anstatt eine versteinerte oder verdrossene Miene aufzusetzen? Die Informatiker würden sagen: als Standardeinstellung den Modus »Lächeln« programmieren.

Lassen Sie mehrmals am Tag (in öffentlichen Verkehrsmitteln, bei der Arbeit, beim Gehen, beim Warten auf jemanden …) ein leichtes Lächeln auf Ihr Gesicht treten. Und beobachten Sie, was es bewirkt.

Die schönen Augenblicke genießen

Das Folgende bezeichne ich als die Übung »Demokratie und warme Dusche«. Wir tendieren von Natur aus dazu zu vergessen, was für ein Glück wir haben. Wählen macht uns weniger Freude, wenn wir in einer Demokratie leben, als wenn es unsere erste Wahl nach dem Ende einer Diktatur ist. Wenn man gewohnt ist, jeden Morgen warm zu duschen, dann bricht man deswegen nicht in Freudengesänge aus. Es sei denn, dass der Heizkessel lange kaputt war. Wenn es uns gutgeht, wird das, was unser Glück ausmacht, banal, das Positive wird normal. Dann müssen wir unseren Scharfsinn reaktivieren und das Glücksempfinden von innen heraus durch eine Anstrengung unseres Bewusstseins aktivieren: »Segne jeden Tag dein Glück!«

Gönnen Sie sich von Zeit zu Zeit einen Tag, an dem Sie das verborgene Glück bewusst wahrnehmen: vom Morgen bis zum Abend die Augen offen halten für alle Quellen der Freude, für die wir blind geworden sind. Wenn das anfangs zu schwierig erscheint, ersatzweise überlegen: Wie würde es mir ergehen, wenn mir dies oder jenes weggenommen würde? Dann eine warme Dusche nehmen, saubere Kleidung anziehen, auf der Straße singen, in einen Apfel beißen, Menschen treffen, die man gerne hat, ein Bett zum Schlafen haben – das alles wird zur Quelle von Glück ...

Sich in Dankbarkeit üben

Viele von Ihnen kennen vermutlich die klassische Übung der Positiven Psychologie, die darin besteht, sich kurz vor dem Einschlafen zu fragen: Welche guten Momente habe ich heute erlebt?

Oft beginnen Menschen, die man zu einer solchen Reflexion auffordert, nicht nach guten Momenten zu suchen, sondern nach großartigen Momenten und tollen Hochstimmungen. Tatsächlich wollen wir nur, dass sie sich in einer einfachen Übung an kleine Glücksgefühle erinnern. Wir kennen viele wissenschaftliche Arbeiten, die die positiven Wirkungen solcher Übungen belegen.[30]

Diese positiven Effekte sind offenbar noch eindeutiger, wenn man die Betreffenden auffordert, diese positiven Gedanken auf Gefühle der Dankbarkeit zu konzentrieren.[31] Inwiefern verdanke ich diese schönen Momente, die ich erlebt habe, anderen Menschen? Dann an die direkten, aber auch indirekten Handlungen denken, von denen ich profitiert habe: an die Menschen, die den Weg, auf dem ich gehe, angelegt und gepflegt haben, an die, die die Musik, die ich höre, geschrieben haben, die die Frucht, die ich esse, angebaut haben ...

In vollem Bewusstsein, in meinem ganzen Körper und in meiner ganzen Seele nehme ich Dankbarkeit wahr - für den Freund, der mich so oft zum Lachen bringt, für Johann Sebastian Bach, der mir immer wieder Freude bereitet, für die Lehrer, die mich unterrichtet haben, für den Bäcker, der das Brot backt, das mir so schmeckt ...

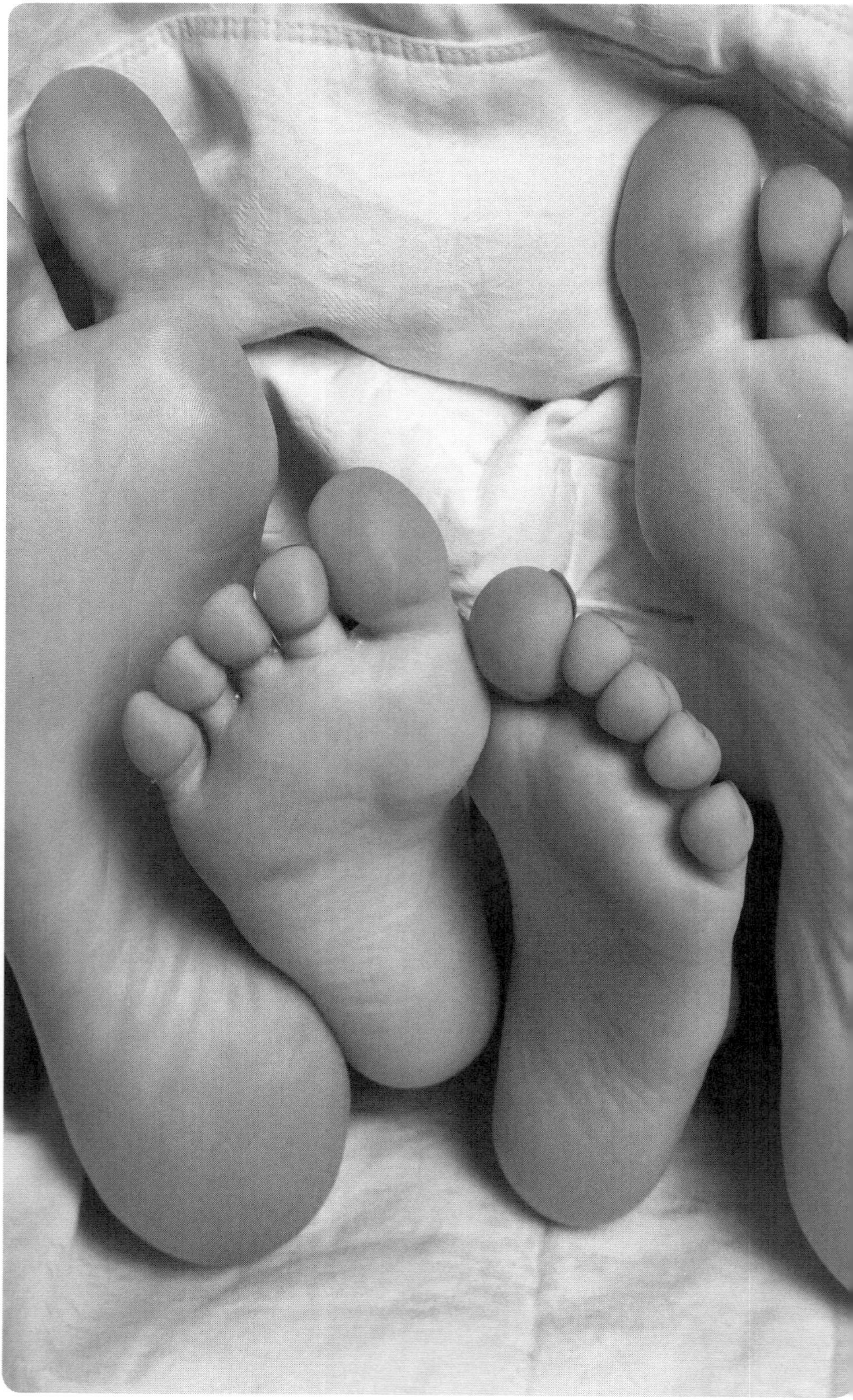

DAS GLÜCK IN DER FAMILIE

Isabelle Filliozat

»Beziehungen sind mit Sicherheit der Spiegel,
in dem man sich selbst entdeckt.«
JIDDU KRISHNAMURTI

Unsere Beziehungen, besonders die Familie, sind ein Ort, an dem es oft schwierig scheint, glücklich zu sein. Wir glauben dann, das Leben wäre im Vergleich dazu einfacher, wenn wir unverheiratet wären, auf einer einsamen Insel oder in einem Kloster lebten. Sobald andere Menschen gegenwärtig sind, tauchen Konflikte auf, und das gilt umso mehr, wenn diese Bindungen wichtig sind wie innerhalb einer Familie. Jack Kornfields Buch *Nach der Erleuchtung Wäsche waschen und Kartoffeln schälen*[32] zeigt, dass es nicht einfach ist, die Erleuchtung im Alltag und inmitten von Beziehungen aufrechtzuerhalten.

Die Familie ist der Ort, an dem die Luftblasen unserer Vergangenheit platzen: Verdrängte Gefühle, Verletzungen unserer Kindheit und ungeklärte Konflikte sickern in die Gegenwart. Wie also glücklich sein in der Familie und in engen Beziehungen?

Das erste Problem wurzelt in unserem Bild vom Glück.

UNSER BILD VON GLÜCK UND HARMONIE

Unser Bild vom Glück ist oft starr. Es kann ein hübsches Haus sein, ein gepflegter Garten, ein Hund, der sein Geschäft nicht auf dem Rasen macht, Kinder, die fröhlich, aber geräuschlos spielen, ein netter Mann, eine sanfte Frau … In unserem Bild vom Glück ist immer schönes Wetter. Die Regenfälle in der Beziehung, die Stürme mit den Kindern sind für gewöhnlich nicht Teil dieses Bilds vom Glück. Doch so nützlich Regen, Wind und Gewitter für die Natur sind, so notwendig sind Konflikte, Reibungen und Tränen für Wachstum und Harmonie. Ohne Konflikt kann es kein Wachstum geben.

Harmonia ist eine griechische Göttin. Sie ist die Tochter von Ares und Aphrodite, anders gesagt, auf Latein: von Mars, dem Kriegsgott, und Venus, der Göttin der Liebe und der Beziehung. In einer Beziehung beansprucht der andere Platz, er macht Lärm, er hat Bedürfnisse, die manchmal in Widerspruch zu den unseren stehen. Die Herausforderung, der die Familie sich stellen muss, ist die Harmonie, das heißt das Gleichgewicht zwischen Mars und Venus. Man muss jedem genügend Raum lassen, um sich auszuleben, Raum für Konflikte und die Lösung der Konflikte, indem man dem anderen zuhört. Harmonie bedeutet nicht, dass alle sich gleich verhalten. In einem Orchester beispielsweise spielen nicht alle die gleiche Note, jeder hat sein Instrument und spielt seine Partitur.

EMOTIONEN LEBEN UND DIE SCHAM EINGESTEHEN

Das Glück liegt in der Bewegung! Ihr gilt unsere zweite Sorge. Wir haben häufig Angst vor der Bewegung, vor allem vor der natürlichen Bewegung des Lebens: der Atmung. Als Kinder haben wir gelernt, unsere Impulse zu hemmen, unsere Emotionen zu unterdrücken; wir haben uns verhärtet, unsere Empfindungen zum Verstummen gebracht und unsere Atmung blockiert. Wir sind in unserem Körper erstarrt und haben eine soziale Maske aufgesetzt. Wir sind von einer großen Angst beherrscht, nämlich dass diese Maske Risse bekommt und den Blick auf uns freigibt, dass die anderen die Realität dessen sehen, was wir sind, dass sie sehen, was wir in unserem Innersten glauben. Wir haben Angst vor dem Blick der anderen, Angst, Ansprüche nicht zu erfüllen, Angst vor ihrem Urteil, Angst, nicht interessant zu sein, Angst, ein Monster zu sein, oder Angst vor Zurückweisung ... All diese sehr vertrauten Ängste sind in Wahrheit keine Ängste: Ihr wahrer Name ist Scham.

Wir sind soziale Tiere und Scham ist eine soziale Empfindung. Als wir noch Kinder waren und unsere Eltern nicht auf unsere Gefühle achteten, begannen wir uns dieser Gefühle zu schämen. Als sie unsere Bedürfnisse nicht befriedigten, begannen wir uns dieser Bedürfnisse zu schämen.

Als die ersten tibetischen Mönche nach Europa kamen, berichteten sie dem Dalai Lama anschließend erstaunt die Erkenntnis: Die Menschen im Westen lieben sich nicht. Und es ist wahr, wir lieben uns nicht. Wir fühlen uns in unserem Innern nicht sicher. Was ist der Unterschied zwischen einem Tibeter und einem westlichen Menschen und was hindert Letzteren daran, sich selbst zu lieben? Ich sehe zwei Faktoren, die diesem Mangel an innerer Sicherheit zugrunde liegen. Die sehr frühe Trennung von Mutter und Baby und die Erziehung zum Guten und Bösen. Man hat uns daran gewöhnt, das Gute für gut und das Böse für böse zu halten, und wir stellen diese Dichotomie nicht in Frage. Die Buddhisten setzen Gut und Böse nicht in

Gegensatz zueinander. Sie denken in Begriffen von Ursache und Wirkung, für sie sind alle Phänomene relativ.

Die westliche Erziehung basiert auf Scham und Schuldgefühlen. Wenn ein Kind einen Fehler macht, dann bestrafen wir es, als hätte es ein Vergehen begangen, anstatt uns über diese Gelegenheit, etwas zu lernen, zu freuen. Die Reaktionen der Eltern sind häufiger bestrafend als pädagogisch, und die Folge daraus ist, dass das Kind im Unverständnis erstarrt.

Bei meinen Vorträgen fordere ich meine Zuhörer manchmal zu einem Experiment auf. Ich bitte eine/n Freiwillige/n auf die Bühne und fordere die Person auf, ein auf dem Boden stehendes Glas Wasser zu ergreifen. Sobald er/sie den Arm ausstreckt, sage ich laut: »STOPP!«

Dann bitte ich die Person erneut, das Glas aufzuheben, und dieses Mal rufe ich: »NEIN!«

Achten Sie auf die unterschiedlichen Reaktionen auf jedes dieser Wörter: Wenn die Person »STOPP!« hört, hält sie fragend inne und unterbricht ihre Bewegung. Wenn sie »NEIN!« hört, hält sie ebenfalls inne, aber sie fühlt sich angespannt, schuldbewusst, als hätte sie etwas Schlechtes getan.

DIE ERZIEHUNG DES KLEINKINDS

Tatsächlich treten die meisten Eltern in ihre »Nein«-Phase ein, bevor die Kinder so weit sind. Sobald das Kleinkind im Wohnzimmer herumkrabbelt, hagelt es Verbote, und das Kind kann sie nicht verstehen.

Nehmen wir ein Beispiel. Eine Mutter sagt zu ihrer achtzehn Monate alten Tochter: »Lass die Finger von diesem Schrank!« Selbstverständlich streckt das kleine Mädchen sofort seine Hand nach dem Schrank aus und schaut dabei seiner

Mutter unverwandt in die Augen, das ist ein natürliches Verhalten in diesem Alter. Die Mutter wird daraufhin wütend: »Du machst dich über mich lustig! Ich habe dir gerade gesagt, du sollst die Finger davon lassen!«

Sie ist überzeugt, dass ihre Tochter sie provozieren will. In Wirklichkeit ist ein Kind vor dem Alter von zwei Jahren noch nicht fähig, im Kopf komplexe mentale Bilder zu konstruieren: Es kann sich nicht vorstellen, was ein Verbot ist. Anders gesagt, es kann die Anweisung noch nicht in Bilder umsetzen und sich in seinem Kopf die Handlung vorstellen, die es *nicht* vollziehen soll. Es befindet sich noch in der Phase der »sensori-motorischen Intelligenz«, das heißt, seine Intelligenz beruht ausschließlich auf seinen körperlichen Empfindungen und Bewegungen. Indem das kleine Mädchen seine Hand zu dem Schrank ausstreckt, versucht es, sich der verbalen Anweisung anzunähern. Es versteht daher nicht, warum seine Mutter es schimpft, und fühlt sich ungerecht behandelt: Es hat nur versucht, das zu tun, was Mama gesagt hat! Es sieht seine Mutter aufmerksam dabei an, weil ihre Reaktion sehr wichtig für es ist, weil es herausfinden will, ob es richtig auf ihre Aufforderung reagiert. In diesem Beispielfall wäre die adäquatere Reaktion gewesen zu bestätigen: »Bravo, meine Kleine, ja, genau den Schrank meine ich, und jetzt bleibt der Schrank zu.«

Wir haben unglücklicherweise die Gewohnheit, die meisten unserer Aufforderungen in Form von Verboten zu äußern. Dabei kann das Gehirn eines achtzehn Monate alten Kindes nicht mit einer Negation umgehen, die zwei mentale Bewegungen erfordert: sich die Bewegung vorstellen und sie blockieren. Ein Kind, das alles richtig machen wollte und von seinen Eltern nicht verstanden wurde, empfindet Angst und

Scham. Es wertet sich selbst ab: »Ich bin nicht gut, weil ich etwas Böses getan habe.«

DIE BILDUNG DER *PERSONA*

Weil wir auf diese Weise unsere innere Sicherheit verlieren und Angst, Zweifel, Scham und Stress in uns anhäufen, legen wir uns allmählich einen Panzer zu und setzen eine Maske auf, die den vermeintlichen Erwartungen unserer Eltern entspricht, um ihnen zu gefallen und ihre Liebe zu gewinnen. Dieser Panzer besteht aus Überzeugungen, die uns helfen, weniger Angst zu haben. Das ist unsere *persona* (griechisches Wort, das Theatermaske bedeutet). Wir bewahren sie, wenn wir erwachsen sind, und sind umso enger mit ihr verwachsen, je mehr uns Sicherheit fehlte, als wir klein waren.

MACHT ODER LIEBE

Man könnte erwarten, dass jeder diese Überzeugungen in der Paarbeziehung und in der Beziehung zu seinen Kindern fallen lässt und die Maske abnimmt, doch das ist nicht der Fall. Es ist, als hätten wir nicht wirklich Lust, den anderen zu lieben. Wir wissen sicher, dass wir geliebt werden wollen, aber wir scheuen das Risiko, zu lieben.

Die überwältigende Mehrheit der Klienten in der Paartherapie interessiert sich scheinbar mehr für Machtspiele als für Nähe. Jeder versucht zu beweisen, dass er recht hat und der andere unrecht, anstatt die Maske fallen zu lassen und dem anderen zuzuhören, wenn er über sein Erleben spricht. Jeder versucht, durch Kritik oder autoritäres Verhalten die Oberhand zu bewahren. Jeder klammert sich an seine Überzeugungen und an das Bild, das er von sich geben will, um seine innere Leere, seine schmerzlichen Gefühle, seine Scham und seine Ängste zu verbergen.

Lieben heißt das Wagnis eingehen, diese Barrieren fallen zu lassen, sich so zu zeigen, wie man ist, und den anderen so zu sehen, wie er ist. Die Liebe liegt im Gefühl für sich selbst und in der Öffnung zum anderen. Das Gefühl der Liebe entsteht aus der Nähe. Wenn die Nähe fehlt, leben wir im permanenten Mangel an Liebe. An jemandem hängen bedeutet nicht immer, dass man ihn liebt. Eine Bindung durch Angst und Scham kann genauso fest sein wie die Bindung durch Liebe.

Es fällt uns schwer, die Wut unseres Partners und unserer Kinder auszuhalten, und es fällt uns schwer einzusehen, wenn wir im Unrecht sind, weil wir ständig Angst haben, dass die Maske Risse bekommt, und weil wir so bedürftig nach Liebe sind. Das ist einer der Gründe, weshalb wir Konflikte entweder durch Passivität oder durch Gewalt vermeiden. Auch von unseren Kindern erwarten wir, dass sie uns ihre Liebe schenken. Die Versuchung ist groß, ihnen ein Bonbon oder ein Spielzeug zu geben, um zu vermeiden, dass sie uns dessen nicht für würdig halten.

WAS IST DIE »WAHRHEIT«?

Man sagt, glückliche Menschen hätten keine Geschichte. Unglückliche Menschen hingegen machen Geschichten, nicht weil es ihnen Spaß macht, sondern um ihre Angst und ihre Scham zu verbergen. Sie finden es angenehmer zu leiden in der Überzeugung, dass sie recht haben, als dieses Gefühl der Scham zu akzeptieren. Wir tendieren dazu, uns an das zu klammern, was wir für die Wahrheit halten. Wir wollen lieber recht haben als unrecht. Wir glauben, dass die Wahrheit etwas Gutes ist, und wir glauben oft, dass wir als Einzige darüber verfügen.

Natürlich kennen wir alle das Sprichwort: »Jeder hat die Wahrheit für sich gepachtet.« Dennoch stellen wir die Vorstellung einer höchsten, unleugbaren Wahrheit nur selten infrage. Wir mauern uns in der Vorstellung ein, dass einer recht und der andere unrecht hat, während jeder doch die Realität unterschiedlich erlebt und mit seinem Erleben darauf reagiert. Wir würden intelligentere Beziehungen mit mehr Nähe und damit mehr Liebe aufbauen, wenn wir stattdessen fragen würden: »Was ist deine Realität?«

ZUHÖREN KÖNNEN

Wir hören dem anderen nicht zu. Wir füllen die Lücken lieber mit unseren eigenen Überzeugungen, unseren Verallgemeinerungen, unseren Interpretationen, unseren voreiligen Schlussfolgerungen, unseren Gedankenlesereien ... Dadurch können wir uns unserer Überzeugungen (unserer Maske) versichern und Angst und Scham aus dem Weg gehen. Wir können dem Risiko vorbeugen, dass unsere alten Gefühle und Leiden wieder auftauchen könnten.

Auf diese Weise können wir uns nicht begegnen. Wenn wir das Gefühl haben, dass der andere uns angreift und verurteilt, dann denken wir, *er* hätte ein Problem. In Wirklichkeit versucht er uns etwas zu sagen und kann es nicht anders formulieren. Es wäre besser, wenn wir versuchen würden, ihm zuzuhören, anstatt uns verletzt, das heißt in unserem Bild angegriffen zu fühlen und einen Konflikt vom Zaun zu brechen. Nur so kann man ihm zeigen, dass man ihn wirklich liebt.

SEINE WUT AUSDRÜCKEN KÖNNEN

Harmonie ist nur möglich, wenn jeder seine Wut zum Ausdruck bringen kann und sich Zeit nimmt, dem anderen zuzuhören. Wagen wir es, unsere Wut konstruktiv zu äußern? Oder häufen wir immer mehr Groll an, um anschließend eine Aggression zu rechtfertigen?

Manche sagen, sie würden ihre Wut nicht zu äußern wagen aus Angst, den anderen zu verletzen. Wenn das der Fall ist, dann handelt es sich nicht um Wut, sondern um Gewalt: Die negativen Gefühle und Urteile haben sich angesammelt und in Aggression gegen den anderen verwandelt. Die Betreffenden haben sie erstickt, um ihren eigenen Emotionen aus dem Weg zu gehen, um ihre Verletzung nicht zu spüren. Seine Wut auszudrücken bedeutet im Gegenteil, »ich« zu sagen, die eigenen Gefühle und die eigene Verletzlichkeit zu zeigen, sich angreifbar zu machen und die Scham zu überwinden. Wenn man sich zurückhält aus Angst davor, den anderen zu verlieren, dann läuft man Gefahr, sich selbst zu verlieren.

Dazu ein Beispiel aus einem meiner Seminare. Es handelt sich um einen Dialog zwischen zwei Lehrgangsteilnehmern. Paul sagt: »Ich fühle mich schlecht, ich bin wütend, Roberts Feedback war voller Verurteilungen und Kritik. Der einzige positive Kommentar war: ›Ich wäre nicht gerne an deiner Stelle gewesen, ich weiß nicht, ob ich mich besser geschlagen hätte.‹«

Bevor ich Paul erlaube, Robert direkt anzusprechen, frage ich ihn, wem sonst seine Wut gelten könnte. Paul: »Meinem Vater« (*Emotion*). Ich bitte Paul daraufhin, seine Gefühle Robert gegenüber von dem zu trennen, was er für seinen Vater empfindet.

»WARUM SOLL ICH DEN ERSTEN SCHRITT MACHEN?«

Diese Frage, »Warum soll ich derjenige sein, der den ersten Schritt macht?«, hört man oft, auch Paul reagierte so und seine Reaktion zeigt gut, wie wir unablässig versuchen, unser Bild zu schützen, indem wir verkünden, wer der Stärkste ist oder wer recht hat. Die Frage ist aber, wer leidet. Nur wer leidet, hat eine Motivation, den ersten Schritt zu machen. Das mag ungerecht erscheinen, aber so ist es. Die anderen können nicht in unseren Gedanken lesen, selbst wenn sie voller Mitgefühl und Liebe sind. Wenn wir ein Beziehungsproblem lösen wollen, dann ist es notwendig, ihnen mitzuteilen, was in uns vorgeht.

Nachdem Paul die Situation, die ihn so in Rage versetzte, durchdacht hatte, wendete er sich an Robert: »Robert, ich entschuldige mich dafür, dass ich meinen Vater auf dich projiziert habe, ich habe keine klare Bitte an dich gestellt, du hast nicht gewusst, was ich von dir erwartet habe. Als du mich kritisiert hast, habe ich verletzt reagiert, anstatt mich auf dein Bedürfnis zu konzentrieren. Ich danke dir für deine Kritik, dadurch habe ich gespürt, wie sehr ich noch zu unüberlegten Reaktionen neige und wie viele Dinge noch ungeklärt sind im Verhältnis zu meinem Vater.« Da Robert sich nun verstanden fühlte, war er bereit, seinen Teil an Verantwortung anzuerkennen.

Indem wir aufhören, den Fehler auf den anderen zu projizieren, kommen wir an den Punkt, dass jeder die Verantwortung für sein Verhalten übernimmt und gleichzeitig Empathie für den anderen entwickelt. Dabei geht es immer darum zu bedenken, ob man sich lieber in ein Machtspiel hineinziehen lässt, indem man sich am anderen zu rächen versucht und ihm zu verstehen gibt, wie schlecht er ist, oder ob man sich der Gefahr aussetzt, sich zu öffnen.

DIE KINDLICHE OHNMACHT ÜBERWINDEN

Wenn man ein Beziehungsproblem lösen will, dann ist es wichtig, seine Gefühle zum Ausdruck zu bringen und eine Bitte daran anzuschließen. Ein Beispiel: »Als du nach Hause gekommen bist und dabei Lärm gemacht hast, obwohl du wusstest, dass ich beim Meditieren bin, hat mich dieser Lärm gestört und ich habe mich geärgert. Ich danke dir, dass du mir ermöglicht hast zu erkennen, dass ich mich immer noch ärgere, anstatt die Geräusche der Umgebung anzunehmen und mit Gleichmut zu reagieren. Mach weiter Lärm beim Heimkommen und konfrontiere mich so mit der Frage, wie stabil meine Meditation ist.« Man muss sich vom Bedürfnis, den anderen zu beherrschen, befreit haben, um zu solchen Äußerungen fähig zu sein. Das setzt voraus, dass man die kindliche Ohnmacht gegenüber den Eltern überwunden hat.

Wenn wir glücklich sein wollen, dann müssen wir es wagen, unsere Wut gegen die Personen zu richten, die wirklich gemeint sind. Das Glück bleibt unerreichbar, solange wir unsere Wut an unserer aktuellen Umgebung auslassen. Jeder kann glücklicher sein, wenn er sich von seiner alten Wut befreit.

Wir sind davon überzeugt, dass Wut die Beziehungen zu zerstören droht. In Wirklichkeit ist es umgekehrt. Eine meiner Klientinnen hatte sich entschieden, ihren Eltern einen Brief zu schreiben und darin die Wut und die Leiden ihrer Kindheit zu offenbaren. Sie hatte lange gezögert, diesen Schritt zu tun, denn sie war sicher, dass sie nicht auf Verständnis stoßen würde und ihren Eltern nur unnötig Schmerzen zufügen würde. Hier die Antwort, die sie von ihren Eltern erhielt:

»Meine Liebe,

wir haben deinen Brief erhalten, und wir hätten nie gedacht, wie sehr du leidest. Wir haben ein paar Tage vergehen lassen, bevor wir dir antworten. Deine Mutter und ich haben sehr viel geredet. Du hast recht, wir haben dir nicht genug Zärtlichkeit gegeben. Wir wussten nicht, dass du darunter leiden würdest. Danke, dass du uns das alles geschrieben hast. Dein Leiden rührt uns sehr, und wir möchten dir helfen. Wir kommen nach Paris, wann immer du willst, damit wir miteinander reden können.«

Es zeigte sich, dass es diesen Eltern, die sehr streng erzogen worden waren, äußerst schwer gefallen war, eine Zärtlichkeit zu schenken, die sie selbst nie empfangen hatten. Ein paar Jahre nach diesem Bekenntnis hatten sie nicht nur eine gute Beziehung zu ihrer Tochter, sondern wagten es auch, sich gegenseitig mit Zärtlichkeit und Liebe zu begegnen. Sie hätten vielleicht nie miteinander gesprochen und vielleicht nie gewagt, sich gegenseitig ihr Bedürfnis nach Zärtlichkeit zu zeigen, wenn ihre Tochter ihr Leid nicht zum Ausdruck gebracht und dieses Risiko der Liebe eingegangen wäre.

DIE ESKALATION DES KONFLIKTS VERMEIDEN

Es ist eine Tatsache, dass wir oft am Verhalten der anderen mitverantwortlich sind. Ja, die Verhaltensweisen unserer Kinder und unserer Partner sind Reaktionen auf die unseren. Anstatt sie als solche zu begreifen, tendieren wir dazu, sie als Provokationen und Versuche der Herrschaftsausübung zu interpretieren.

Hier ein Beispiel. Bei einem meiner Vorträge stellte eine Mutter mir folgende Frage: Wie soll man auf die Wutausbrüche eines dreijährigen Kindes reagieren? Das Verhalten des

Kindes – in diesem Fall seine Wutausbrüche – wird als ein Problem definiert, für das man eine Lösung finden muss. Diese Mutter dachte offenbar, dass alle Wutausbrüche ihres Kindes identisch und grundlos waren. Sie suchte also nach einem wirksamen Rezept, um alle diese Äußerungen von Wut gleichermaßen zu behandeln, egal, was ihnen vorausgegangen war. Da ihre Frage natürlich viel zu global war, bat ich sie, die Ursachen der Wutanfälle genauer zu schildern. Sie antwortete: »Wutanfälle im Allgemeinen …«

Diese Frau betrachtete also Wut als ein Problem, das behoben werden muss, während es sich doch nur um eine Reaktion auf ein Ereignis handelt, durch das sie ausgelöst wurde. Natürlich ist es nicht angenehm, sich als jemand wahrzunehmen, der die Wut seines Kindes provoziert hat.

Ich forderte sie auf, mir den letzten Wutausbruch ihres Kindes zu schildern, und erhielt folgende Präzisierung: »Er macht das, wenn ich ihm kein Bonbon geben will.« Ich fragte nach, wie die Situation im Einzelnen war, in der das passierte, und sie erzählte daraufhin: »Er ist auf einen Stuhl und dann auf eine Leiter geklettert, um an das Bonbonglas ganz oben im Wandschrank zu kommen.«

Diese Details lieferten mir die Informationen, die mir fehlten. Wir haben alle die Tendenz, uns auf die Frage zu konzentrieren, wie man mit den Konsequenzen umgehen soll (in diesem Fall die Wut), ohne uns dessen bewusst zu sein, dass es unsere Reaktionsweise war, die die Beziehung an diesen Punkt gebracht hat. War das Kind wirklich deshalb so wütend, weil seine Mutter ihm kein Bonbon geben wollte?

Wenn wir die Situation genauer betrachten, dann sehen wir, dass das Kind drei Jahre alt ist, dass ein weithin sichtbares Bonbonglas oben auf dem Schrank steht und dass ein Stuhl und eine Leiter an den Schrank gestellt werden ... Die Zuhörer meines Vortrags stimmten mit mir darin überein, dass das Hauptbedürfnis eines dreijährigen Kindes darin besteht, seine Fähigkeiten auszuprobieren.

Gewiss, das Kind wollte die Bonbons haben, und unsere Erwachsenengehirne, die auf Inhalte und Ziele fokussiert sind ... sehen nur das. Das wahre Interesse des Kindes gilt in diesem Fall jedoch den akrobatischen Kunststücken, an denen es sich deshalb versuchen kann. Die Mutter hat nicht erkannt, dass das Glas nur das Ziel war, das es sich gesteckt hatte, um seinem Unterfangen eine Richtung zu geben, dass aber in Wahrheit das Wichtigste die Geschicklichkeitsübung war. Ein Erwachsener, der das erkannt hätte, hätte sagen können: »Wow! Du hast es so weit nach oben geschafft, du hast das Bonbonglas fast erreicht, ich bin beeindruckt! Bravo! Du hast dir dein Bonbon wirklich verdient. Nimm das Glas, ich halte es fest, damit du dir ein Bonbon aussuchen kannst, das du nach dem Essen lutschen kannst. Wohin willst du es bis dahin legen? Auf den Küchentisch oder in deine kleine Tasche? Oder soll ich es für dich bis zum Abend aufheben?«

Es geht dann nicht mehr um die Frage, wie man auf das Problem der Wut reagieren soll, denn es gibt keine Wut mehr. Daraufhin entgegnete die Mutter: »Aber ich will auch nicht, dass er zum Abendessen ein Bonbon isst!« Warum stellt sie dann aber das Bonbonglas gut sichtbar auf den Schrank, wenn sie nicht will, dass ihr Kind eines davon haben möchte?

SCHLUSSFOLGERUNG

Für ein glückliches Zusammenleben in der Familie muss sich jeder in Sicherheit fühlen. Liebe könnte bedeuten, dass man sich ohne Angst zu missfallen äußern kann, dass man sich frei fühlt, man selbst zu sein. Glück bedeutet schlicht, dass man sich innerlich lebendig fühlt. Das schließt nicht nur Freude ein, sondern auch die Akzeptanz von Leid. Glück bedeutet, zu lieben, und sich denen, die man liebt, nahe zu fühlen.

Eine Frau, die sterbenskrank war, gestand mir: »Du bist die Einzige, der ich das sagen kann, aber ich habe in meinem ganzen Leben nie so gelitten und trotzdem war ich nie so glücklich. Vorher habe ich mich nicht lebendig gefühlt.« Wir sollten nicht warten, bis wir krank sind, um uns lebendig zu fühlen.

› ÜBUNG ‹

FÜR DIESE ÜBUNG BRAUCHT MAN EINEN PARTNER.

Nehmen Sie die Hand der anderen Person. Geben Sie ihr nun Sicherheit.

Ist Ihnen bewusst, *wie* Sie versucht haben, diese Sicherheit auszudrücken, was Sie genau getan haben? Die meisten von uns haben die Hand gedrückt, sie haben Spannung erzeugt. Das gibt dem anderen jedoch keine Sicherheit, denn es sperrt ein, es macht abhängig. Außerdem erzeugt die Spannung das Gefühl einer Gefahr.

Es ist besser, Präsenz zu schenken und dem anderen seine Freiheit zu lassen, um ihm Sicherheit zu verleihen.

Versuchen Sie es anders: Halten Sie sanft die Hand des anderen und empfangen Sie einfach innerlich seine Atmung. Versuchen Sie, durch seine Hand sein Herz wahrzunehmen. Hören Sie sein Leben schlagen ... Geben heißt in Wirklichkeit nicht etwas machen, sondern nur aufnehmen.

Stellen Sie sich mental einen Moment der Liebe vor, den Sie erlebt haben. Spüren Sie, was in Ihnen vorgeht. Sie sehen, diese Empfindungen gehören Ihnen. Das hängt nicht vom anderen ab, sondern von Ihnen. Ihre Emotion gehört Ihnen.

DAS GLÜCK IN DEN BEZIEHUNGEN

Thomas d'Ansembourg

»Ich bin, weil wir sind.«
AFRIKANISCHES SPRICHWORT

In den sechzehn Jahren, in denen ich Menschen durch die Zyklen und Jahreszeiten ihres Lebens begleite, habe ich einige Konstanten beobachtet. Es ist wohl so, dass jedes menschliche Wesen nach Glück strebt. Wir machen jeden Tag nichts anderes als zu versuchen, glücklich und wenn möglich noch glücklicher zu sein, auch wenn sich unsere Strategien oft als ungeschickt, ja sogar kontraproduktiv erweisen. Der Zustand, nach dem wir streben, ist nicht der Zustand des Vergnügens, der unweigerlich prekär und instabil ist, weil er auf günstigen Umständen beruht, die sich eben auch ändern können. Es ist vielmehr ein immer tieferer, immer stabilerer und »transportablerer« Zustand des inneren Friedens, den wir unter allen beliebigen Umständen und damit auch in den widrigen Phasen des Lebens in uns tragen können, ein Zustand, der sich als von Natur aus als ansteckend erweist. Mir scheint, dass das unser tiefster Lebensantrieb ist.

ZUM INNEREN FRIEDEN

Natürlich erleben viele unserer Mitmenschen dieses Thema eher aus einer negativen Perspektive heraus. Für sie heißt es nicht: »Ich versuche, glücklicher zu sein«, sondern »Ich versuche weniger zu leiden« oder auch »Ich finde mich mit einem erträglichen Unglück ab«.

Die Suche nach einem ansteckenden inneren Frieden mag zwar der rote Faden unserer Existenz sein, doch das hindert uns nicht daran, uns ablenken zu lassen und weit davon abzukommen, indem wir uns zu Verhaltensweisen hinreißen lassen, die wir für unseren persönlichen Freiraum halten (»Ich denke, was ich will, ich lebe, wie ich will …«). Dabei sind wir in Wirklichkeit in unseren Schablonen gefangen, in unseren Gewohnheiten zu funktionieren, in unseren Denkautomatismen und unseren starren Vorstellungs- und Glaubenssystemen. Und das kann sich als teuflisch erweisen.

Diese Verwirrungen weg von unserem roten Faden bringen viel Leid hervor: das Gefühl der Einsamkeit, während wir doch nach Zugehörigkeit suchen, der Eindruck von Zersplitterung und innerer Gespaltenheit, wo wir doch nach Einheit und Kohärenz streben, Reiz-Reaktions-Muster, während wir uns gerne als schöpferisch erleben würden, Widerstand gegen das, was ist, anstatt Leben mit dem, was ist, ein Gefühl von Leere und Mangel, während wir uns nach Fülle und Erfüllung sehnen. Viele von uns wissen nicht, dass wir die Mittel haben, uns zu transformieren, und flüchten vor unserem Unbehagen entweder mithilfe einer Vielzahl von Kompensationssystemen (Medikamente, Angstlöser, Alkohol, Drogen, Hyperaktivität, Konsum aller Art), die zur Sucht werden können, oder durch Aggressivität und Gewalt gegen sich selbst und andere.

Der Weg, der uns zum roten Faden zurückbringt, entspricht dem Weg vom Ego zum Sein. Mir scheint, dass jeder Mensch erkennen kann – man muss kein großer Psychologe dafür sein –, dass ein Teil von uns angespannt (in Kontraktion) lebt, Angst zu verlieren hat und gewinnen will. Dieser Teil zählt, was er gibt und was er bekommt (und vor allem, was er nicht bekommt), und kommuniziert mehr durch Machtbeziehungen (Herrschaft, Unterwerfung, Verführung, Manipulation) als durch Zusammenarbeit. Dabei dominieren Rechthaberei und Aggressivität und sodann Einsamkeit und Verbitterung als Resultat davon. Das ist das Ego.

Jeder Mensch kann ebenfalls spüren – dazu muss man kein großer Weiser sein –, dass ein anderer Teil von uns nach einer höheren Qualität von Sein und Zusammensein strebt, sich danach sehnt, Beziehungen voller Synergie und gemeinsamer Kreativität zu leben, in denen Fantasie, Intuition, Wohlwollen und innere Kraft vorherrschend sind sowie der Frieden und das Zugehörigkeitsgefühl, die daraus erwachsen. Das ist das Sein.

Wir spüren diese innerste Spannung zwischen dem Ego und dem Sein, aber wir begreifen nur selten die Prozesse der Innerlichkeit, die eine Transformation ermöglichen. Ich nenne das transformierende Innerlichkeit.

DER INSPIRATION ENTGEGEN

Ein Schlüssel dazu besteht darin zu akzeptieren, dass es weniger unsere Lebensbedingungen selbst sind, die uns Probleme bereiten, als die Konditionierungen in unserem Kopf: Es ist weniger »das, was mir passiert« als das, »wie ich erlebe, was mir passiert«. Ich habe zwar nicht immer Macht über das, was mir zustößt, aber ich habe immer Macht über meine Reaktion auf das, was mir zustößt. Das eröffnet mir einen enormen Raum der Freiheit, Verantwortlichkeit und Kreativität, dessen sich der Mensch nur selten bewusst wird: Ich kann in jedem Augenblick meine Art zu denken, meine innere Software, mein Bezugssystem infrage stellen und überlegt mit meinen Emotionen umgehen. Tatsächlich können wir das gleiche Ereignis je nach unserer Interpretation als Katastrophe erleben oder als eine günstige Gelegenheit.

Ich stelle fest, dass alle Individuen, die eine nuanciertere Ebene von Glück und innerem Frieden erreichen, Menschen sind, die bereit waren, ihre innere Software umzuprogrammieren, ihre Denk- und Überzeugungssysteme einzureißen und sich der Inspiration, dem Atem, dem Geist zu öffnen – mit welchen Worten auch immer ein jeder diese Energiequelle bezeichnet, von der alle spirituellen Traditionen uns einmütig erzählen. Schließlich beobachte ich als letzte Konstante, dass diejenigen, die sich mit der erforderlichen Strenge und Tiefe auf die Arbeit an der persönlichen Transformation einlassen, sich keinesfalls in einer narzisstischen und selbstgefälligen Nabelschau abkapseln, sondern sich im Gegenteil großmütig und fruchtbar in ihren Lebensbezügen (Beziehung, Familie, Vereine, Berufswelt) zu engagieren beginnen. Ich kann bezeugen, dass diese Öffnung für andere und die menschliche Gemeinschaft systematisch erfolgt. Es ist der bewusste Übergang vom »Ich« zum »Wir«, das, was ich als »bürgerschaftliche Innerlichkeit«[33] bezeichne.

DER BÜRGERSCHAFTLICHEN INNERLICHKEIT ENTGEGEN

Im Grunde ist die Sache einfach und einleuchtend, besonders aus folgenden drei Gründen: Wer gelernt hat, für sich selbst

Frieden zu schaffen, wird selbst zum »Friedensstifter«. Wer gelernt hat, seinen Schatten zu zähmen und jeden Teil seiner selbst wohlwollend zu akzeptieren, der akzeptiert auch den Schatten des anderen wohlwollend. Umgekehrt verabscheut ein Mensch, der seinen Schatten nicht sehen will und mit Teilen von sich selbst im Konflikt liegt, den Schatten des anderen – der ihn an seinen eigenen erinnert, den er nicht sehen will, das ist der Spiegeleffekt –, und reproduziert seine inneren Konflikte in der Außenwelt, wie man weiß. Und schließlich erweist sich derjenige, der gelernt hat, sich immer stärker in seinem eigenen Lebensantrieb, seinem schöpferischen Elan, seinem tiefen Wesen jenseits der konstruierten Persönlichkeit zu verankern, auch als ein kreativer, fruchtbarer und engagierter Mitbürger.

Es geht um sehr viel. Zum einen wissen wir heute, dass dem sich ständig weiter vertiefenden wirtschaftlichen Graben zwischen denen, die immer mehr haben, und denen, die immer weniger haben, keine wirtschaftlichen Ursachen zugrunde liegen, sondern das spirituelle Elend der Führungseliten. Es gibt sehr wohl genügend Ressourcen, um die Welt zu ernähren; das Problem sind nicht die Ressourcen, sondern es ist ihre Verteilung, denn »die meisten Knappheiten werden künstlich durch weltweite Beziehungen erzeugt, die das Unbehagen der besitzenden Minderheit kompensieren sollen«.[34]

Auf der anderen Seite wird immer mehr Menschen angesichts der drohenden Gefahren eines ökologischen Zusammenbruchs bewusst, dass wir nicht auf wundersame Weise lernen werden, die Natur um uns herum zu respektieren, ohne zu lernen, unsere innere Natur zu respektieren. Die Menschen haben sich lange Zeit selbst Gewalt angetan, indem sie ihre Sensibilität, ihre Intuition, ihre Sehnsucht nach Freiheit, Teilhabe, Zärtlichkeit und Nähe vernachlässigt haben. Diese innere Gewalt hat sich in ihren Beziehungen zu anderen (besonders zu Frauen und Kindern) und zur Natur niedergeschlagen. Wir haben eine »verdinglichende« Beziehung zur Natur hergestellt, indem wir sie als eine leblose Sache betrachtet haben, die wir besitzen und ausbeuten können. Ökologie beginnt also in uns selbst.

Die Entdeckungen der Quantenphysik ermutigen uns zu dieser Öffnung für die Erkenntnis, dass die Natur keine leblose Sache ist, sondern ein inspiriertes und inspirierendes Universum, in dem alles miteinander zusammenhängt, und für die Erkenntnis, dass unser Bewusstseinsniveau mit dem der anderen und der Welt interagiert.

Angesichts der Herausforderungen, vor denen die Welt steht, braucht die Menschheit Männer und Frauen, die sich selbst gut kennen, die die Fallen des Egos und die Prozesse der inneren Aussöhnung kennen, die mit ihren Emotionen umzugehen verstehen und die gelernt haben, Vertrauen in sich, in den anderen und in das Leben zu entwickeln, und sich dem gesamten System des Lebens verbunden fühlen, um ihre Talente freudig in den Dienst ihrer Gemeinschaft zu stellen.

› ÜBUNG ‹

Wir alle haben einen Traum für die Menschheit. Viele von uns träumen von einer Welt der Gemeinsamkeit, des Zuhörens, der Zärtlichkeit, der gegenseitigen Aufmerksamkeit, der Sanftheit, der Verfügbarkeit, der vertrauensvollen Akzeptanz des Andersseins ...

Hier eine Frage, die sich als schonungslose tägliche Übung erweisen kann:

Entspricht meine Art, in der Welt zu sein (wie ich meine Meinungsverschiedenheiten oder meine Frustrationen ausdrücke, meinen Kindern oder meinem Partner zuhöre und mit ihnen/ihm spreche, unvorhergesehene Ereignisse wie etwa die Konflikte des Alltagslebens bewältige, meine kleinen und großen Entscheidungen treffe), dem Traum, wie ich mir die Welt wünsche?

Anders gesagt: Bin ich Teil des Problems oder Teil der Lösung?

Wir sollten vor jeder Entscheidung (in Bezug auf unsere Einstellung, den Tonfall, die Körperhaltung, den Rhythmus ...) überprüfen: Wer entscheidet? Wer entscheidet in mir, mein verkrampftes Ego - das Angst hat zu verlieren, das gewinnen und recht haben will - oder mein sich entfaltendes Wesen, das in Beziehung treten, sich öffnen und kreativ sein will?

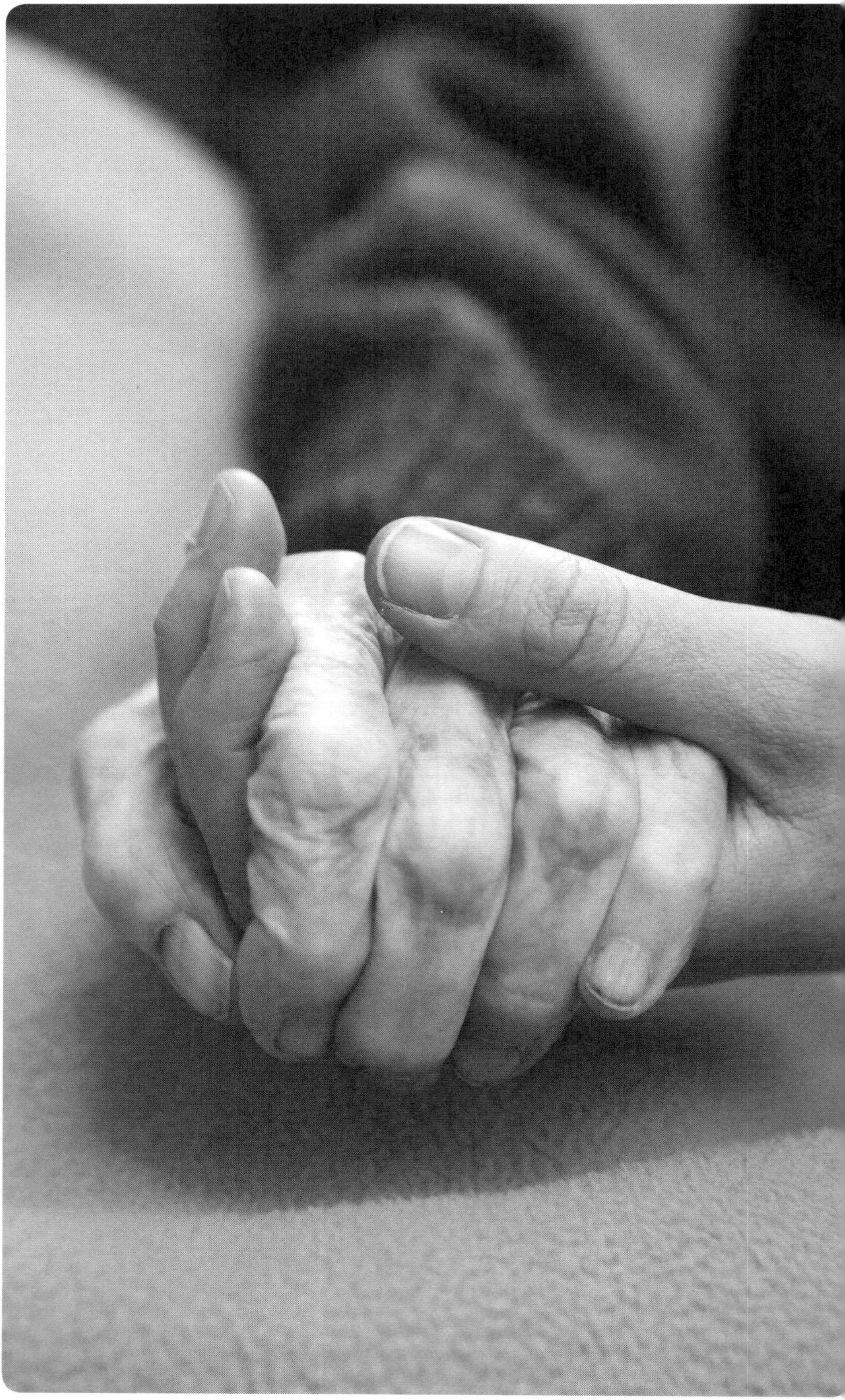

DIE SOZIALEN IMPLIKATIONEN DER POSITIVEN PSYCHOLOGIE

Jacques Lecomte

»Die Bestandteile der Gesellschaft sind nicht die Menschen, sondern die Beziehungen zwischen ihnen.«
ARNOLD TOYNBEE

Die Positive Psychologie befasst sich, wie bereits im ersten Kapitel ausgeführt wurde, mit der Untersuchung der Bedingungen und Prozesse, die zur Entfaltung und zum optimalen Funktionieren von Individuen, Gruppen und Institutionen beitragen. Diese Definition zeigt den Anspruch dieses Ansatzes, der sich nicht auf das persönliche Glück beschränkt; Positive Psychologie ist nicht nur die Kunst, mit sich selbst zu leben, sondern auch mit den anderen und sogar ein Instrument der gesellschaftlichen Veränderung.

Ich möchte die sozialen Implikationen der Positiven Psychologie an einigen Beispielen verdeutlichen.

- In der Schule: Kooperatives Lernen, Mitschüler als Tutoren, Empathie der Lehrer.
- In der Arbeit: Ethik des Unternehmens, dienende Führung.
- Im Gesundheitswesen: Empathie der Ärzte, öffentliche Gesundheitskampagnen.

IN DER SCHULE

KOOPERATIVES LERNEN

Kooperatives Lernen ist eine Lehrmethode, bei der die Schüler in kleinen Gruppen zusammenarbeiten. David und Roger Johnson zufolge, zwei der besten Spezialisten zu diesem Thema, ist kooperatives Lernen so strukturiert, dass die Anstrengungen jedes Einzelnen für den Erfolg der Gruppe notwendig sind und dass jedes Mitglied seinen gerechten Teil beisteuern muss. Darüber hinaus ermutigen und helfen sich die Teilnehmer gegenseitig und loben die Bemühungen und Erfolge der anderen. Sie müssen sich gut kennenlernen und Vertrauen zueinander aufbauen, und sie müssen regelmäßig darüber nachdenken, wie die Gruppe funktioniert und wie man sie noch funktionsfähiger machen könnte.

Während also in einer traditionellen Klasse die Ziele der Schüler bestenfalls voneinander unabhängig und im schlimmsten Fall gegensätzlich sind (Gewinner-Verlierer), sind die Ziele in einer Klasse, die vom Unterrichtenden kooperativ strukturiert wird, positiv miteinander verbunden (Gewinner-Gewinner).

Zahlreiche Untersuchungen haben belegt, dass kooperatives Lernen hinsichtlich verschiedener Aspekte des Klassenlebens dem traditionellen überlegen ist:[35]

- Auf der persönlichen Ebene bewirkt es eine Steigerung des Selbstwertgefühls. Die Interaktionen führen dazu, dass die Schüler sich als kompetent wahrnehmen.
- Auf der schulischen Ebene kommt es zu einer Verbesserung der Lernmotivation, der gedanklichen Komplexität und der

schulischen Leistungen, häufigerer Entwicklung neuer Ideen und Lösungen, besserem Transfer des Gelernten von einer Situation auf eine andere im Vergleich zum kompetitiven Lernen. Die Schüler schätzen auch den Lehrer mehr und erleben ihn als verständnisvoller und hilfsbereiter.

- Auf der sozialen Ebene ist ein Rückgang von Rassismus und Sexismus, Mobbing, Gewalt und Drogensucht sowie die Zunahme altruistischer Verhaltensweisen zu beobachten.

MITSCHÜLER ALS TUTOREN

Eine andere Form des Lernens, die auf der Solidarität zwischen Schülern beruht, ist das Tutorium durch Mitschüler, das man als Lernunterstützung eines Schülers durch einen anderen definieren kann.[36] Das Prinzip ist einfach: Ein Schüler mit Schwierigkeiten verbringt einige Stunden pro Woche, in der Regel während der Unterrichtszeit, mit einem älteren Schüler, der ihm eine Einzelstunde gibt. Diese Praxis hat in zahlreichen Ländern Verbreitung gefunden, insbesondere in den Vereinigten Staaten, Großbritannien, Australien, Neuseeland, Israel etc. Auch hier findet der Wissenserwerb nicht im Rahmen einer Konkurrenzsituation statt, sondern durch Hilfeleistung.

In einem in Frankreich durchgeführten Versuch verlassen Schüler mit Lernproblemen dreimal pro Woche während des Unterrichts in Gruppen von sechs oder sieben ihre Klasse. Sie gehen mit ihren jeweiligen Tutoren in einen für sie reservierten Raum. Dort treffen sie auf den Erwachsenen, der für die Tutoren verantwortlich ist.[37]

Die Unterstützung durch den Lehrer ist von zentraler Bedeutung für den Erfolg eines Tutorenprogramms, und seine Funktion bleibt essenziell. Er hilft dem Tutor bei der Vorbereitung der Stunden und ermutigt ihn in seinem Handeln. Ein besonders wichtiger Moment ist das Ende der Stunde, wenn der Erwachsene und der Tutor sich treffen, um zu besprechen, was passiert ist, welche Probleme aufgetreten sind und welche positive Resonanz der Tutor erfahren hat. Durch diese Diskussion kann das eigene Handeln besser reflektiert werden und die Begeisterung der Tutoren erhält neue Nahrung.

Zwei statistische Meta-Analysen kamen zu dem Schluss, dass Tutorenprogramme sich positiv auf den Schulerfolg und die Einstellungen der Betreuten auswirken.[38] Sie hatten bessere Ergebnisse als andere Schüler, die nicht von einem solchen Programm profitiert hatten.

Doch nicht nur die betreuten Schüler profitieren von dieser Art von Intervention, sondern die Tutoren gewinnen noch mehr dabei! Tatsächlich gibt dieses Vorgehen den Schülern die Gelegenheit, Fähigkeiten an sich zu entdecken und zu entwickeln, derer sich viele überhaupt nicht bewusst waren. Das Bild, das der Tutor von sich selbst hat, kann sich dann merklich verändern. Er fühlt eine Verantwortung auf sich, der er nach besten Kräften gerecht werden will. Das veranlasst ihn, seine Lektionen zu wiederholen, um die Logik des Fachs besser verstehen zu können, und seine Gedanken klarer zu strukturieren, um so gut wie möglich zu erklären. Er macht einen erneuten Lerndurchgang, den er bestimmt nicht unternommen hätte ohne das Ziel, einem anderen Schüler mit Problemen zu helfen.

Das hat eine Vielzahl positiver Wirkungen: Rückgang des Schulschwänzens, bessere Pünktlichkeit in den Klassen, mehr Interesse an der Schularbeit, mehr Respekt vor den Lehrern … und am Ende bessere Schulleistungen. Manchmal sind die Folgen spektakulär. In Phoenix, Arizona, stellten sich sechsundzwanzig Schüler der neunten Klasse als Tutoren für vierzig

Grundschüler zur Verfügung, beide Gruppen, die Neuntklässler wie die Grundschüler, hatten ein Jahr oder mehr Rückstand im Lesen. Innerhalb von zwei Monaten holten die Tutoren im Durchschnitt beinahe zwei Schuljahre auf, manche von ihnen legten sogar fünf Jahre zu. Die Verantwortlichen des Programms schlossen daraus: »Es ist offensichtlich, dass die Tutoren nicht fünf Jahre in zwei Monaten aufholen konnten. Richtiger wäre es zu sagen, dass die meisten dieser Kinder tatsächlich eine Lesefähigkeit hatten, die über ihren Schulleistungen lag. Ihre Fähigkeiten wurden dank des Programms entdeckt und weiterentwickelt, weil man ihnen Respekt, Vertrauen und adäquates Material zugestand.«[39]

DIE EMPATHIE DER LEHRER

David Aspy und Flora Roebuck führten eine Reihe spannender Untersuchungen durch. Der Titel ihres Werks ist sehr klar: *Man lernt nichts von einem Lehrer, den man nicht mag: Forschungsergebnisse über humanistische Erziehung.*[40] Die Autoren wollten herausfinden, was in einer Klasse passiert, wenn der Lehrer seinen Schülern zeigt, dass er sie wirklich mag, sie versteht und ihnen helfen will. Die Ergebnisse übertrafen bei weitem ihre Erwartungen.

Insbesondere stellten sie fest, dass die Lehrer, die am stärksten die menschlichen Qualitäten Authentizität, Rücksicht und Empathie zeigten, allen ihren Schülern im Laufe eines Schuljahres deutliche Fortschritte ermöglichten.

Sie gingen jedoch noch weiter, indem sie ein Programm entwickelten, um das Niveau der Lehrer in diesen drei Qualitäten zu verbessern. Das führte zu den folgenden Ergebnissen, und zwar in einer Schule, die in einem sehr armen Viertel lag. Nach der Fortbildung waren bei den Lehrern, die nicht an dem Programm teilgenommen hatten, praktisch keine Verhaltensänderungen feststellbar, während sich bei denjenigen, die teilgenommen hatten, eine spürbare Zunahme und qualitative Verbesserung der Beziehungen zeigte, die insbesondere folgende Wirkungen hatte: deutlicher Fortschritt der Schüler beim Lesen und in Mathematik, spürbarer Rückgang beim Schulschwänzen, bei Schlägereien und Vandalismus, spektakulärer Rückgang der Kündigungsquote bei den Lehrern (von achtzig auf null Prozent).

Die Autoren schließen daraus, dass Lehrer ihren Schülern am besten helfen können, zu lernen und Disziplin zu respektieren, indem sie eine Ausbildung durchlaufen, die sie systematisch im effektiven Einsatz von geeigneten Interaktions- und Kommunikationsformen schult.

IN DER ARBEIT

DIE ETHIK DES UNTERNEHMENS

Kommen wir nun zum Bereich des Unternehmens. William Damon, Professor an der Stanford University, erzählt in seinem Buch *The moral advantage,*[41] dass er in seiner Jugend zwei widersprüchliche Ratschläge erhielt, nach welchen Kriterien er sein zukünftiges Berufsleben gestalten sollte. Auf der einen Seite die Aufforderung zum Idealismus: »Mach, woran du glaubst (oder was du liebst); handle immer so, dass du darauf stolz sein kannst.« Auf der anderen Seite der Realismus, um nicht zu sagen Zynismus von Sprüchen wie: »Der Nette ist am Ende der Idiot.«

Er schrieb dieses Buch, um zu zeigen, dass es möglich ist, geschäftlich erfolgreich zu sein, ohne seine Prinzipien zu verraten. Was William Damon interessiert, ist die Frage, wie Unternehmer im weitesten Sinne Erfolg haben: Wie sie ihre finanziellen Ziele erreichen und dabei stolz sind auf ihre Arbeit und ihren Beitrag zum gesellschaftlichen Leben. Am Ende seiner Untersuchung an achtundvierzig Geschäftsinhabern, denen es gelang, diese Ansprüche miteinander zu versöhnen, kommt er zu dem Schluss, dass nur diejenigen, die sich moralisch integer verhalten und ihren Überzeugungen und höchsten Ansprüchen treu bleiben, eine in vielerlei Hinsicht geglückte Karriere vorweisen können.

William Damon schildert den Werdegang vieler Firmenchefs, darunter Max DePree, der Vorstandschef des Unternehmens Büroeinrichtungen Herman Miller war. Unter seiner Leitung wurde das Unternehmen zur Nummer eins auf der *Fortune*-Liste für Produktivität gewählt (jährliche Klassifizierung der weltweiten Großunternehmen).

Kurz nach seiner Ernennung überzeugte DePree die Firma, ein System der Aktienbeteiligung der Arbeitnehmer einzuführen, durch das die Arbeiter Teilhaber am Kapital der Gesellschaft werden können. Er sah in dieser Entscheidung gleichzeitig einen moralischen Imperativ gegenüber den Arbeitnehmern und einen pragmatischen Vorteil für das Unternehmen.

DePree entwickelte außerdem den von ihm so bezeichneten »silbernen Fallschirm«, dessen Prinzip sich gravierend vom goldenen Fallschirm [einer Abfindung; Anm. d. Übers.] unterscheidet, bei dem nur einige wenige Führungskräfte belohnt werden. Jeder aktive Angestellte, der seit einem Jahr im Unternehmen tätig ist, wird Teil der Gruppe des silbernen Fallschirms. Wenn es eine feindliche Übernahme gibt, dann wird er entsprechend seiner Zeit im Unternehmen und seines Gehalts entschädigt. Diese Entscheidung erfüllte ebenso wie das System der Aktienbeteiligung der Arbeitnehmer einen doppelten Zweck: Zum einen verfolgte DePree damit ein sehr pragmatisches Ziel, nämlich die Kontrolle über das Unternehmen in den Händen der aktuellen Führung zu sichern, zum anderen ein moralisches Gerechtigkeitsziel. William Damon zitiert Max DePree in seinem Buch wie folgt: »Wir haben gesagt, dass wir es unter dem Aspekt der Gerechtigkeit nicht rechtfertigen können, wieso fünf oder sechs Personen im Fall einer feindlichen Übernahme einen goldenen Fallschirm haben; man kann so etwas nur verteidigen, wenn alle Leute im Unternehmen eine gewisse Art von Fallschirm haben [...]. Das war die gerechte Lösung für das gesamte Personal. Und es bedeutete für die potenziellen Käufer zusätzliche Kosten. Sie mussten diesen Preis bezahlen, wenn sie die Macht übernehmen wollten, das trug dazu bei, die Idee einer feindlichen Übernahme zu verhindern. Aber wissen Sie, das ursprüngliche Ziel war nicht, eine feindliche Übernahme zu verhindern. Das ursprüngliche Ziel war es, Gerechtigkeit zu schaffen.« DePree weiter: »Ohne Vertrauen kann man kein gutes Unternehmen leiten, und man kann nicht vom Vertrauen der anderen profitieren, wenn man ihnen nicht auch Vertrauen entgegenbringt.«

DIENENDE FÜHRUNG

Zu den interessantesten Konzepten der Positiven Psychologie im Unternehmen gehört die »dienende Führung« von Robert Greenleaf, der seine Überzeugungen nach einer langen Managerkarriere zu Papier brachte.[42] Ihm zufolge »wird der große

Unternehmensführer zuallererst als Diener wahrgenommen, und diese schlichte Tatsache ist der Schlüssel zu seiner Größe«.[43]

Laut Greenleaf »taucht ein neues moralisches Prinzip auf, demzufolge nur die Autorität Loyalität verdient, die sich selbst um das Wohl des Unternehmens verdient gemacht hat; diese Loyalität wird der Führungskraft dann aus freien Stücken und in Kenntnis aller Umstände von den geführten Mitarbeitern zugestanden. Diejenigen, die sich für dieses Prinzip entscheiden, werden nicht willenlos die Autorität der bestehenden Institutionen akzeptieren, sondern folgen nur Individuen aus freien Stücken, weil sie ihnen als Diener vertrauen. Angesichts dessen, dass dieses Prinzip zukünftig vorherrschen wird, werden die einzigen existenzfähigen Unternehmen die sein, die im Wesentlichen von Dienern geleitet werden.«[44] Mittlerweile ist das Konzept der dienenden Führung Gegenstand universitärer Studien geworden. Diese bestätigen, dass ein solcher Ansatz mit verschiedenen positiven Aspekten der Funktionsfähigkeit von Unternehmen korreliert, insbesondere mit der Effektivität der Teams und der Zufriedenheit der Mitarbeiter.[45]

IM GESUNDHEITSWESEN

DIE EMPATHIE DER ÄRZTE

Dass menschliche Verhaltensweisen, die von Respekt und Einfühlungsvermögen geprägt sind, sich positiv auswirken, kann man auch im Bereich der Gesundheit feststellen. Die Patienten erwarten vom Pflegepersonal nicht nur fachliche Kompetenz, sondern auch fürsorgliche menschliche Anteilnahme. Sie möchten nicht auf ihre Krankheit reduziert werden (»das Magengeschwür auf 21«), sondern wünschen sich vor allem, als Menschen angehört und anerkannt zu werden. Das ist leider nicht immer der Fall. Eine Untersuchung hat beispielsweise gezeigt, dass Ärzte einen Patienten im Durchschnitt nach achtzehn Sekunden unterbrechen, sobald dieser seine Situation zu schildern beginnt! Dabei erfordert es keine große Anstrengung, einem Patienten bis zum Ende zuzuhören, denn wenn er nicht unterbrochen wird, braucht er ungefähr eineinhalb Minuten, um sein Problem zu schildern.

Elisabeth Garcia, Gesundheitsmanagerin und Professorin, wurde nach einem schweren Autounfall zur Reanimation ins Krankenhaus eingeliefert. Dieser Aufenthalt auf der anderen Seite der Barriere war sehr lehrreich für sie: »Glauben Sie mir, wenn man so hilflos ist, unfähig, sich durch Worte verständlich zu machen, mit fixierten Händen daliegt und im ganzen Körper Schmerzen hat, dann sind nicht die Infusionen und Verbände das Wichtigste, sondern ein Lächeln, ein Blick, eine beruhigende Information und eine Hand, die einen nicht als Objekt, sondern als Person behandelt. An diesem Punkt erhält das Wort Pflege seine volle Bedeutung. Manchmal wurde ich wie ein Gegenstand behandelt […] Die Leute kamen und gingen vor mir, fummelten an der Morphiumpumpe herum, nichts half. Dann kam der Krankenpfleger, setzte sich an mein Bett, nahm meine Hand. Er fragte mich nach meinem Namen, wer ich war, was mir zugestoßen war, was mir wehtat, und hörte meinem Schmerz zu. Ich hatte wirklich das Gefühl, dass der Schmerz zum ersten Mal zur Kenntnis genommen wurde. Die bloße Tatsache, dass man mir zuhörte, ließ ihn schon schwächer werden. Die angstmachende Komponente des Schmerzes ist sehr real. Ich habe sie hautnah gespürt!«[46]

Eine gute Kommunikation zwischen dem Pflegepersonal und dem Kranken bewirkt nicht nur, dass dieser mit seiner Versorgung zufriedener ist, sondern führt auch zu einer Verbesserung des gesundheitlichen Zustands. Moira A. Stewart von der Universität Ontario fasste in einer Überblicksarbeit einundzwanzig Untersuchungen zu diesem Thema zusammen. Bei sechzehn davon wurde ein signifikanter Zusammenhang zwischen der Kommunikationsform und der Verbesserung des Gesundheitszustands festgestellt, vier zeigten keine Korrelation und die letzte erlaubte keine aussagekräftige Schlussfolgerung.[47]

Fassen wir einige dieser Forschungsarbeiten zusammen:

- In einer Untersuchung von Patienten mit Lungenkrebs, Diabetes, Bluthochdruck und Magengeschwür hatte die Kommunikationsform einen signifikanten Einfluss auf den funktionellen Zustand und die physiologischen Werte der Patienten.
- In einer anderen Untersuchung an Patienten, die unter Kopfschmerzen litten, glaubten diejenigen, die das Gefühl hatten, dass der Arzt ihnen wirklich zugehört hatte, dreimal so oft, dass ihre Kopfschmerzen verschwunden waren, wie diejenigen, die den Eindruck hatten, dass man ihnen nicht zugehört hatte.
- In einer Untersuchung an Frauen mit Brustkrebs litten die Betroffenen, denen man die Möglichkeit geboten hatte, sich für oder gegen einen chirurgischen Eingriff zu entscheiden, zwei Monate nach der Entfernung der Brust nur unter halb so starken Schmerzen wie diejenigen, die keine Wahl gehabt hatten.

Durch welche Prozesse die Empathie des medizinischen Personals die physische Gesundheit des Patienten beeinflusst, ist noch kaum bekannt, einer davon drängte sich den Forschern jedoch unübersehbar auf. Eine der Hauptschwierigkeiten, mit denen sich Ärzte konfrontiert sehen, ist der hohe Prozentsatz der nicht befolgten Behandlungsanweisungen seitens der Patienten. Manche behaupten, dass mehr als achtzig Prozent der Patienten, die an chronischen Krankheiten leiden, ihre Medikamente nicht korrekt einnehmen.[48] Diese »Compliance« hängt jedoch nicht nur stark von der Verständlichkeit der Anweisungen ab (nur neunundfünfzig Prozent der medizinischen Informationen werden von den Patienten gut verstanden), sondern auch von der Qualität der Beziehung. Die Kranken, die aufseiten ihres Arztes eine positive Einstellung und ein echtes Interesse spüren, befolgen seine Empfehlungen auch weitaus besser.

Unter anderem zeigte auch eine Untersuchung aus Korea an fünfundfünfzig Patienten, dass die Compliance spürbar zunimmt, wenn die Patienten den Arzt als empathisch erleben, wenn sie Informationen mit ihm austauschen können, wenn sie ihm vertrauen und ihn als Partner wahrnehmen.[49]

In einer neueren Untersuchung legte ein Forscherteam der Johns Hopkins School of Medicine in Baltimore beinahe siebentausend Personen folgende zwei Fragen vor: »Behandelt Ihr Arzt Sie mit Respekt und Achtung (sehr, nicht besonders, gar nicht)?« und: »Bezieht Ihr Arzt Sie in Entscheidungen bezüglich Ihrer Gesundheit ein (so sehr, wie Sie wollen, nicht ganz so sehr, weniger als Sie sich wünschen, viel weniger, als Sie sich wünschen)?«[50] Sechsundsiebzig Prozent der Befragten antworteten, sie würden mit viel Respekt und Achtung behandelt werden und siebenundsiebzig Prozent fühlten sich so gut einbezogen, wie sie es sich wünschten. Diese Personen waren allgemein zufriedener und befolgten die Anweisungen des Arztes sowie die Ratschläge zur Prävention besser (Messung des Cholesterinspiegels, Mammografie für die Frauen, Koloskopie für die Männer) als diejenigen, die nicht in den Genuss einer solchen Einstellung vonseiten des Arztes gekommen waren.

DIE ÖFFENTLICHEN GESUNDHEITSKAMPAGNEN

Die staatlichen Behörden führen immer wieder Gesundheitskampagnen durch, doch ihre Ergebnisse erfüllen im Allgemeinen nicht die in sie gesetzten Erwartungen, egal ob die Programme zum Aufhören mit dem Rauchen, zu mehr Bewegung oder einer verbesserten Geburtenkontrolle anregen sollen.[51] So hat beispielsweise die Auswertung einer holländischen Kampagne zur Prävention von Übergewicht, die fünf Jahre dauerte und ein breites Medienecho gefunden hatte, ergeben, dass zwei Drittel der Leute diese Kampagne zwar kannten und dass sie ihre Lebensgewohnheiten leicht verändert hatte, dass sich ihre Motivation, eine Gewichtszunahme zu verhindern, jedoch dadurch nicht signifikant verbessert hatte.[52]

In vielen Kampagnen werden Botschaften transportiert, die Angst machen sollen. Zu dieser Art von Strategie gehört beispielsweise die Aufschrift »Rauchen ist tödlich« auf Zigarettenpackungen. Zahlreiche Untersuchungen haben indes gezeigt, dass ein solcher Ansatz im Allgemeinen den genau gegenteiligen Effekt hat.

In einer Meta-Analyse wurden achtundneunzig Untersuchungen von angstbasierten Kampagnen zu sehr unterschiedlichen Themen ausgewertet (Verwendung von Kondomen zum Schutz vor sexuell übertragbaren Krankheiten, mit dem Rauchen aufhören, Senkung des Alkoholkonsums, sicheres Verhalten auf Traktoren und anderen Maschinen, Verwendung von Sonnencreme als Schutz vor Hautkrebs, Selbstuntersuchung der Brust, Förderung körperlicher Bewegung etc.[53]). Sie zeigt, dass die Angesprochenen nicht durch die Botschaft sensibilisiert werden, wenn nur geringfügig Angst mobilisiert wird.

Wird hingegen massiv an Angst appelliert (zum Beispiel: »Rauchen ist tödlich«), dann folgt daraus meist ein starkes Gefühl der Gefährdung und für den Ernst der Lage. Sehr gut, wird man nun spontan denken. Leider aber trifft das eben nicht zu, denn man muss noch ein anderes wesentliches Element miteinbeziehen: das (starke oder schwache) Gefühl der Selbstwirksamkeit des Betreffenden, das heißt seine Einschätzung, ob er das Zielverhalten erfolgreich realisieren kann (etwa mit dem Rauchen aufhören kann). Menschen, die ein starkes Selbstwirksamkeitsgefühl haben, werden versuchen, die Gefahr zu beherrschen und infolgedessen ihr Verhalten verändern. Wer jedoch ein schwaches Selbstwirksamkeitsgefühl hat, wird stattdessen versuchen, seine Angst durch verschiedene psychische Abwehrmechanismen zu kontrollieren:

- Verleugnung: »Ich bekomme keinen Hautkrebs, das passiert mir nicht«;
- defensive Vermeidung: »Das ist wirklich schrecklich, ich werde nicht daran denken«;
- (Pseudo-)Rückeroberung der eigenen Freiheit: »Die versuchen nur, mich zu manipulieren, ich werde sie ignorieren.«

Je stärker aber der defensive Widerstand gegen eine Empfehlung ausgeprägt ist, umso weniger setzen die Betreffenden die durch die Botschaft empfohlenen Veränderungen um. Ergebnis: Der Betreffende raucht womöglich danach noch mehr als vorher. Es ist also von zentraler Bedeutung bei einer solchen Kampagne, dass man den Angesprochenen eine konstruktive Information über die Mittel an die Hand gibt, wie sie ihr Verhalten ändern können.[54]

Gelegentlich wird auf Kanada verwiesen, um zu belegen, dass Schockkampagnen wirkungsvoll sind. Doch dort stehen auf den Zigarettenpackungen nicht nur Angstbotschaften, sondern auch konkrete Tipps, die das Gefühl der persönlichen Selbstwirksamkeit erhöhen sollen, zum Beispiel: »Hier vier Methoden, um die Lust auf eine Zigarette zu bekämpfen: Warten Sie zehn Minuten, atmen Sie tief durch, trinken Sie Wasser und machen Sie etwas anderes.« Und das funktioniert!

Davon abgesehen sind positiv formulierte Anti-Rauchen-Botschaften effektiver als negative.[55] »Wenn Sie mit dem Rauchen aufhören, sinkt Ihr Risiko für einen vorzeitigen Tod und Krankheiten« erzielt beispielsweise bessere Ergebnisse als »Rauchen erhöht Ihr Risiko für einen vorzeitigen Tod und Krankheiten«.

Die optimistische Schlussfolgerung, die man aus all diesen Forschungen ziehen kann, lautet: Die beste Art, Realist zu sein, ist die, zutiefst idealistisch zu sein.

EMPFEHLUNGEN FÜR MEHR GETEILTES GLÜCK

In der Schule

Lehrer, die für die Gefühle (Freude, Traurigkeit etc.) ihrer Schüler empfänglich sind und kooperatives Lernen unter Schülern fördern, bewirken eine spürbare Verbesserung der schulischen Leistungen und zugleich der allgemeinen Atmosphäre in der Klasse.

Im Unternehmen

Manager, die sich mehr als Dienende begreifen denn als Führungskräfte und dem Ruf ihres Gewissens treu bleiben, werden durch positive Ergebnisse sowohl in Hinblick auf das Wohlbefinden ihrer Mitarbeiter wie auch auf die wirtschaftliche Gesundheit des Unternehmens belohnt.

In der Medizin

Empathisches Pflegepersonal und mitfühlende Ärzte erreichen eine größere psychische Zufriedenheit und einen besseren Gesundheitszustand ihrer Patienten.

DIE UMWELT SCHÜTZEN, UM SEIN GLÜCK ZU SCHÜTZEN

*Éric Lambin**

»Eine Beziehung zur Natur herzustellen ist,
jenseits von einfachem Wissen oder einfachen Gefühlen,
eine Wissenschaft und eine Kunst gleichermaßen.«
John Fowles

BESSER EIN POSITIVER DISKURS ALS PANIKMACHE

Haben Sie immer geglaubt, dass Umweltschutz und das Engagement für eine nachhaltige Entwicklung einen Verzicht auf ein gewisses Maß an Komfort, ein unvermeidliches Opfer bedeutet, um zukünftige ökologische Katastrophen zu verzögern? In Wirklichkeit handelt es sich vor allem um einen Weg, um das Glück (wieder-)zu finden und gesünder und in mehr Sicherheit zu leben. So lautet die These, die ich in meinem letzten Buch *Die Glücksökologie* aufstelle.

Angesichts der Herausforderungen einer nachhaltigen Entwicklung müssen wir heute alle gesellschaftlichen Akteure zu einem konstruktiven Engagement bewegen. Dabei besteht eine

* Dieses Kapitel wurde bereits in Form eines Artikels in der Zeitschrift *Places to be* veröffentlicht.

enge Beziehung zwischen dem individuellen Wohlbefinden und der Umwelt. »Werden Sie glücklicher durch den Schutz der Natur«, so lautet die neue Devise. Außerdem fördert eine positive Wahrnehmung der Natur und ihrer Vorzüge die Ausbildung eines Verhaltens, das mit einer nachhaltigen Entwicklung vereinbar ist. Darin liegt vielleicht der Schlüssel zu einer nachhaltigen Entwicklung, denn das könnte der Ausgangspunkt eines positiven Kreislaufs zwischen Glück und ökologisch bewusstem Konsum sein.

Eine solche positive Argumentation wäre ein wirkungsvoller Ersatz für die Panikmache – die viele von uns nicht mehr hören können –, um den Übergang zu einer nachhaltigen Entwicklung zu beschleunigen. Die Rhetorik der Angst erzeugt Verleugnung bei den Skeptikern, Verzweiflung bei den Pessimisten und Ablehnung bei den Optimisten. Es ist effektiver, die Vorteile in den Vordergrund zu stellen, die eine engere Beziehung zur Natur und das Bemühen um ihre Unversehrtheit bieten.

Drei Komponenten des Glücks hängen besonders von der natürlichen Umwelt ab: die subjektive Wahrnehmung eines glücklichen Lebens, Gesundheit und Sicherheit. Lassen wir sie der Reihe nach Revue passieren, um anschließend Wege aufzuzeigen, wie man Natur und Glück vereinen kann.

BETRACHTUNG DER NATUR

Zahlreiche neue Studien aus den Bereichen der Psychologie, Soziologie oder Medizin zeigen, dass ein enger Kontakt zur Natur durch ihre beruhigende Wirkung und ihre sanfte Faszination zum Glück des modernen Menschen beiträgt. Bereits 1984 ergab eine Untersuchung, dass Patienten nach einem chirurgischen Eingriff schneller gesund werden, wenn sie ein Krankenhauszimmer mit Blick auf eine natürliche Landschaft haben, als wenn sie auf eine Ziegelmauer sehen. Die erste Gruppe konnte das Krankenhaus im Durchschnitt einen Tag früher verlassen als die zweite, sie brauchte weniger Schmerzmittel und ihr Verhalten wurde von den Krankenschwestern positiver beurteilt. Menschen, die eine sitzende Tätigkeit ausüben und dabei ein Fenster mit Blick auf Bäume, Büsche oder Blumen haben, leiden weniger häufig unter Kopfschmerzen als diejenigen, deren Fenster auf einen Parkplatz, eine Straße oder andere Gebäude hinausgeht. Ein Wanderurlaub in unberührter Natur erzeugt mittelfristig ein größeres Glücksgefühl und führt zu besseren Leistungen bei Tests, die eine hohe Konzentration erfordern, als Ferien zu Besuch bei Freunden, ein Städteausflug, eine Kulturreise oder Entspannung in häuslicher Umgebung.

Die erholsame Wirkung der Natur auf den menschlichen Geist erklärt sich zum Teil durch das genetische Erbe des Menschen, der noch immer von seinem ursprünglichen Leben in der Wildnis beeinflusst ist. Ungefähr dreihundertfünfzigtausend Generationen lang erfolgte die Selektion unserer prähistorischen Vorfahren auf der Grundlage ihrer Fähigkeit, die Natur zu »lesen«: insbesondere, Trinkwasser zu finden, essbare Pflanzen zu identifizieren, Tierfährten zu verfolgen und natürliche Schutzräume vor Gefahren zu finden. Nach dieser Hypothese hat sich durch die Ko-Evolution zwischen den Genen und der Kultur der Jäger und Sammler ein Gefühl für die Natur in das menschliche Erbgut eingeprägt, das den modernen Menschen noch heute beeinflusst.

Natürliche Szenen bieten eine ideale Basis für geistige Forschungsreisen. Die Natur ist so weit und unermesslich und ihre Vielfalt ist so grenzenlos, dass unsere Beziehungen zu ihr unter einer Vielzahl komplementärer Gesichtspunkte betrachtet werden können: unter nützlichen, ökologischen, ästhetischen, symbolischen, humanistischen oder moralischen Aspekten ... Die Wahrnehmung bestimmter Themen und Eigenschaften in einer natürlichen Szene hilft Menschen, sich von psychophysiologischem Stress zu erholen. Regelmäßige Gartenarbeiten beispielsweise helfen dabei, Stress besser zu verarbeiten – man spricht sogar von einer »Gartentherapie«. Im Kontakt mit der Natur empfindet das Individuum eine emotionale und spirituelle Befriedigung, und es realisiert zugleich durch die Erfahrung der Zugehörigkeit zur natürlichen Welt die Endlichkeit seines eigenen Lebens.

Auch unsere Interaktionen mit der Tierwelt sind ein sehr ergiebiger Weg, um einen engen Kontakt zur Natur herzustellen. Tiere üben eine noch größere Faszination auf uns aus, denn sie sind dynamischer als die Pflanzenwelt. Durch die weit verbreitete Tendenz des Anthropomorphismus (Tieren menschliche Eigenschaften zuzusprechen) rücken sie uns noch näher, sie werden Brüder. Die Gesellschaft von Haustieren wie Hunden oder Katzen hat nicht nur etwas Tröstliches an sich, sondern auch therapeutische Wirkung. In einer Untersuchung an sechstausend australischen Risikopatienten für Herz-Kreislauf-Erkrankungen waren der Blutdruck, der Cholesterinspiegel und der Triglyzerid-Spiegel bei denen, die ein Haustier besaßen, signifikant niedriger als bei den anderen Patienten. In einer anderen Untersuchung an mehreren hundert Personen, die einen Myokardinfarkt erlitten hatten, war die Überlebensrate nach einem Jahr bei Hundebesitzern sechsmal so groß wie bei Betroffenen ohne Hund, und das unabhängig von physiologischen Unterschieden. Eine dritte Studie ergab, dass Menschen, die sich erst vor Kurzem ein Haustier zugelegt hatten, im darauffolgenden Monat deutlich weniger geringfügige Gesundheitsprobleme hatten als andere, nach Zufall ausgewählte Probanden.

Dennoch findet unser häufigster Kontakt zu Tieren trotz aller positiven Effekte, die die Beziehung zu Tieren für unser Wohlbefinden haben kann, auf unserem Teller statt, in einer durch Unterjochung geprägten Beziehung, die sich wenig um das Wohlergehen des Tiers schert … Ein weiterentwickeltes moralisches Verständnis muss den modernen Menschen dazu anspornen, weniger einseitige und respektvollere Beziehungen zur Tierwelt zu knüpfen, gleich ob sie wild oder domestiziert ist.

UMWELTVERÄNDERUNGEN UND NEUE KRANKHEITEN

Der Kontakt zu einer intakten Natur hilft jedem von uns, sich zu entfalten und ein inneres Gleichgewicht zu finden. Bestimmte radikale Formen der Umweltzerstörung können wiederum indirekt dramatische Auswirkungen auf unsere Gesundheit haben. Die neuen Krankheiten, die Zoonosen (Krankheiten, deren Ursprung im Tierreich liegt), Krankheiten mit vektorieller Übertragung (durch Mücken, Zecken, Fliegen …), Luftverschmutzung und Hitzewellen hängen allesamt zum Teil mit der Veränderung der natürlichen Umwelt durch den Menschen zusammen. Der Ursprung von Aids beispielsweise dürfte vermutlich in einer häufigeren Anwesenheit des Menschen in den Äquatorialwäldern des Kongobeckens zum Jagen und zum Schürfen liegen. Tatsächlich hat sich das HI-1-Virus aus einem sehr ähnlichen Virus entwickelt, das eine Unterart der Schimpansen dieser Region befällt.

Die WHO schätzt in einem Bericht aus dem Jahr 2006, dass Umweltfaktoren für mindestens vierundzwanzig Prozent der Krankheitslast weltweit verantwortlich sind. Diese Last wird berechnet als Anzahl der verlorenen Jahre eines normalen, beschwerdefreien Lebens bezogen auf die Gesamtheit der Weltbevölkerung. Veränderungen der Umwelt erhöhen die Risiken für fünfundachtzig der einhundertzwei von der WHO erfassten Hauptkrankheiten, an deren Spitze Diarrhöen, Atemwegsinfektionen und Malaria stehen. Diese Einflüsse betreffen vor allem die Bevölkerungen der Entwicklungsländer, insbesondere die Kinder.

Dennoch sind die Beziehungen zwischen Umweltveränderungen und menschlicher Gesundheit alles andere als linear und leicht vorhersehbar. Die verschiedenen Umweltfaktoren interagieren nicht nur untereinander, sondern auch mit der biologischen Evolution der Mikroben, sozioökonomischen Veränderungen und Modifikationen im menschlichen Verhalten. Nicht nur, dass die Modifizierung der natürlichen Ökosysteme, die Urbanisierung und die Klimaveränderung an sich schon die Gefahr der Entstehung neuer Bedrohungen für die Gesundheit erhöhen, zudem ermöglicht die Globalisierung auch noch eine schnelle Verbreitung dieser Risikofaktoren in großem Maßstab.

Insgesamt erscheint es als unvermeidlich, dass Veränderungen der Umwelt negative Folgen für die Gesundheit haben: Die menschliche Rasse wird weiterhin natürliche Habitate besiedeln, mit der Tierwelt interagieren, Städte bauen, eine globalisierte Gesellschaft entwickeln und den größten Nutzen daraus ziehen. Die Herausforderung besteht also nicht darin, zu einem Entwicklungsmodus zurückzukehren, der all diese Risiken radikal unterdrücken würde – das ist weder wünschenswert noch vorstellbar –, sondern die Entstehung solcher Risiken zu kontrollieren und zu minimieren und die neuen Bedrohungen auf globaler Ebene zu bewältigen.

Das schließt natürlich nicht aus, dass die für das menschliche Wohlergehen gefährlichsten Praktiken ausgemerzt werden. Unter diese Kategorie fallen die massiven Luftverschmutzungen der Atmosphäre, darunter die, die für die Klimaerwärmung verantwortlich sind, das Fehlen elementarster Hygienemaßnahmen sowohl in bestimmten menschlichen Milieus wie auch bei der Tierzucht, der Handel mit exotischen Tieren, die Jagd nach und der Handel mit Tieren mit einem hohen Infektionspotenzial für Menschen wie die Primaten und die Eroberung der abgelegensten Naturräume insbesondere durch Touristen, die nicht gegen die Krankheiten, mit denen sie in Kontakt zu kommen drohen, immunisiert sind.

SICHERHEIT DER UMWELT

Glück bedeutet auch die Gewissheit, dass man auch in Zukunft von dem profitieren wird, was für unser Überleben und unser Wohlbefinden am wichtigsten ist. Dieses Gefühl, vor Gefahr geschützt zu sein, das die Basis der Sicherheit ist, kann durch Teile unserer täglichen Umgebung bedroht sein, durch Naturkatastrophen, Konflikte und erzwungene Migrationsbewegungen, die eine Folge von klimatischen Veränderungen sein werden.

In etwas vereinfachenden Slogans wird das Gespenst zukünftiger Klimakonflikte und Hunderttausender von Klimaflüchtlingen beschworen. Allerdings wird bei einer strengen Analyse deutlich, dass die Veränderungen der natürlichen Umwelt keine dominante Rolle für die radikalsten Formen von Unsicherheit spielen. Der Einfluss der Umwelt auf das Risiko bewaffneter Konflikte und erzwungener Migrationsbewegungen wird in den Reden mancher Akteure häufig übertrieben.

Natürlich könnte man immer entgegnen, dass diese Einflüsse erst in der Zukunft sichtbar werden könnten, dass gewaltsame, umweltbedingte Konflikte sich vervielfachen und Millionen von Heimatlosen in den kommenden Jahrzehnten über unsere Küsten herfallen könnten. Solche pessimistischen Szenarios beruhen allerdings nicht auf Mechanismen der Auslösung von bewaffneten Konflikten oder von Migrationsbewegungen, deren Validität auf der Basis früherer Ereignisse bewiesen worden wäre.

Die Geschichte zeigt ganz im Gegenteil, dass die schlimmsten Szenarien in den meisten Fällen verhindert werden können, wenn die Institutionen, die den Zugang und die Verwendung von Ressourcen regeln, verändert werden und eine gerechtere Verteilung des Reichtums stattfindet. Dagegen bedrohen Veränderungen der Umwelt die verletzlichsten Bevölkerungsgruppen des Planeten, die zum Großteil in Ländern mit extremer Armut leben, wirklich massiv in ihrer existenziellen Sicherheit, wenn man darunter die Emanzipation von den Bedürfnissen und die Adaptationsfähigkeit an äußere Störungen versteht.

VERHALTENSÄNDERUNGEN

Welche Verhaltensänderungen nutzen dem Planeten am meisten und garantieren zugleich das menschliche Wohlergehen? Angesichts einer großen Bandbreite möglicher Entscheidungen müssen wir uns für die Veränderungen im Verhalten entscheiden, die einen Vorteil auf mehreren Ebenen gleichzeitig bieten. Bei der Suche nach einer Versöhnung von menschlichem Glück und der Bewahrung der Intaktheit der Natur stößt man auf einige dieser Situationen mit doppeltem Nutzen (»win-win«).

Sie bilden die Goldmine der nachhaltigen Entwicklung, und es wäre absurd, sie links liegen zu lassen.

So bringt die Verringerung des täglichen Fleischkonsums nicht nur einen doppelten Vorteil, sondern sogar einen fünffachen. Zunächst einmal ist das gut für die Gesundheit der Konsumenten in den reichen Ländern: Eine allzu fleischreiche Ernährung ist erwiesenermaßen insbesondere mit einem erhöhten Darmkrebsrisiko, der häufigsten Krebsart, verbunden. Außerdem werden sechzig Prozent des Getreides in den reichen Ländern als Viehfutter verwendet. Dabei sind zur Erzeugung einer Kalorie Rindfleisch durch Intensivhaltung acht bis fünfzehn Kalorien pflanzlicher Nahrung nötig, die direkt hätten verzehrt werden können, insbesondere von der Milliarde von Menschen auf der Welt, die an Mangelernährung leiden. Weniger Fleisch essen würde auch unseren ökologischen Fußabdruck in der Welt beträchtlich verringern. Achtzehn Prozent der Treibhausgasemissionen, die für die Klimaveränderung verantwortlich sind, entfallen auf die weltweite Fleischindustrie. Für die Produktion von einem Kilo Rindfleisch in Intensivtierhaltung sind zehntausend bis fünfundzwanzigtausend Liter Wasser pro Jahr nötig. Weideflächen machen nicht weniger als ein Viertel der nicht von Gletschern bedeckten Landflächen aus, das heißt doppelt so viel wie Anbauflächen. Schließlich könnte eine stärker vegetarisch orientierte Ernährung das Wohlergehen der Tiere bei der Herstellung tierischer Produkte besser sicherstellen und würde einem höheren moralischen Anspruch genügen, der unsere fortschrittlichen Gesellschaften charakterisieren sollte.

NATUR UND MENSCHLICHE ENTWICKLUNG IN EINKLANG BRINGEN

Die ökonomische Entwicklung der letzten Jahrhunderte hat eine nie dagewesene Verbesserung des menschlichen Wohlbefindens ermöglicht. Dennoch besteht immer die Gefahr, dass diese Entwicklung negative Folgen für das Wohlbefinden hat, wenn die Zerstörung der Natur einen kritischen Schwellenwert überschreitet. Man muss also ein empfindliches Gleichgewicht zwischen den wirtschaftlichen Entwicklungszielen, der Bewahrung der natürlichen Umwelt und der Verbesserung des allgemeinen Wohlergehens finden. Das Streben nach dem Glück für alle und der Erhalt der Natur müssen miteinander in Einklang gebracht werden. Innovative Politikformen, wie sie etwa kleine Länder wie Costa Rica oder Bhutan umgesetzt haben, zeigen uns den Weg dorthin.

Wir haben ein hohes Maß an Kontrolle über die Faktoren, die für das Gelingen eines solchen Unternehmens maßgeblich sind, denn sie sind das Ergebnis individueller und kollektiver Entscheidungen. All diese vielfältigen Optionen in Hinblick auf unseren Konsum und auf Fragen der Wirtschafts-, Ernährungs-, Klima-, Gesundheits-, Verkehrs-, Stadtplanungs- und Flächengestaltungspolitik können uns mehr oder weniger glücklich machen. Die Art, wie der sozioökonomische Nutzen und die Umweltkosten der Entwicklung im globalen Maßstab verteilt werden, bestimmt in hohem Maß das Verhältnis zwischen der von den reichen Ländern eingeschlagenen Entwicklungsrichtung und dem Wohlergehen der Bevölkerung in den armen Ländern.

Die Beziehung zur Natur ist eine Quelle der Selbstverwirklichung, sie verleiht dem Leben Sinn und macht glücklich. Es liegt folglich im Interesse jedes Einzelnen, die Natur zu bewahren, aber auch im anthropozentrischen Interesse des Menschen, im Sinne der moralischen Vernunft, die alle Angehörigen der Menschheit verbindet. Diese Argumente reichen bereits für sich aus, um einen Übergang zu einer nachhaltigen Entwicklung zu begründen, zusätzlich zur Sorge um das Allgemeinwohl, die unsere menschliche Rasse transzendiert.

EMPFEHLUNGEN FÜR EINE ÖKOLOGIE DES GLÜCKS

Durch unsere Konsumentscheidungen und unsere politischen Optionen in Hinblick auf Wirtschaft, Ernährung, Klima, Gesundheit, Verkehr, Stadtplanung und Flächengestaltung können wir die Suche nach Glück und den Schutz der Natur in Einklang bringen.

Für die Bewohner unserer Länder bedeutet beispielsweise eine weniger fleischlastige Ernährung viele Vorteile für die Umwelt (Luft- und Wasserverschmutzung), die menschliche Gesundheit, die Mangelernährung in den armen Ländern und das Tierwohl.

Eine positive Wahrnehmung der Natur und ihrer Wohltaten fördert die Ausprägung von Verhaltensweisen, die mit einer nachhaltigen Entwicklung in Einklang stehen.

Der Respekt vor der Umwelt gründet auf einer gefühlsmäßigen Verbindung, die wir der Natur gegenüber empfinden, die ebenfalls zum Glück beiträgt.

EINE BUDDHISTISCHE SICHT DES GLÜCKS

Matthieu Ricard

»Weder ist es möglich, ein glückliches Leben zu führen,
wenn man kein schönes, gerechtes und weises Leben führt,
noch ein schönes, gerechtes und weises Leben zu führen,
ohne glücklich zu sein.«
EPIKUR

Die große Mehrheit der europäischen Wörter für »glücklich« hat zunächst die Bedeutung »zufälliges Glück« (mit Ausnahme des Gallischen, in dem das verwendete Wort ursprünglich »weise« bedeutete). Ein glücklicher Mensch ist einer, der in den Genuss eines glücklichen Zufalls und günstiger Umstände kam. Und in der Tat richten die meisten Menschen instinktiv ihre Hoffnungen und ihre Ängste auf etwas außerhalb ihrer selbst.

In den modernen westlichen Gesellschaften wird das Glück oft als gleichbedeutend mit einem Maximum an Vergnügen betrachtet, und manche stellen sich das Glück als eine ununterbrochene Folge angenehmer Erfahrungen vor. Das hat mehr Ähnlichkeit mit einem Rezept für schnelle Erschöpfung als für authentisches Glück. Und nichts ist weiter vom buddhistischen Begriff *Sukha* entfernt, das sich auf eine optimale Daseinsweise bezieht, auf einen besonders gesunden Geisteszustand, der allen Gefühlslagen zugrunde liegt und sie durchdringt, der alle

Freuden und Leiden einschließt, die uns auf unserem Weg begegnen können.[56] Sukha bezeichnet infolgedessen einen dauerhaften Zustand des Wohlbefindens, der eintritt, wenn wir uns von der mentalen Verblendung und den schmerzlichen Emotionen befreit haben. Es meint auch die Weisheit, die uns ermöglicht, die Welt so zu sehen, wie sie ist, ohne Schleier und Entstellungen. Schließlich bedeutet es die Freude über die Entwicklung zur inneren Freiheit, zu Liebe und Mitgefühl, die auf die anderen ausstrahlen.

Im Buddhismus bezieht sich das Wort »Realität« auf die wahre Natur der Dinge, die nicht von den mentalen Konstruktionen deformiert ist, die wir ihr überstülpen. Solche Konstruktionen reißen einen Graben zwischen unserer Wahrnehmung und der Realität auf und schaffen damit einen unlösbaren Konflikt mit der Welt. Wir halten das Vergängliche für dauerhaft und das, was nur eine Quelle des Leidens ist, für Glück. Und wir stellen uns vor, es gäbe ein unabhängiges Selbst inmitten dessen, was Geist und Körper vereint.

Unter dem Einfluss unserer gewohnten Neigungen nehmen wir die Außenwelt als eine Abfolge von voneinander getrennten und autonomen Entitäten wahr, denen wir bestimmte Eigenschaften zuordnen, die wie für inhärent, ihnen grundsätzlich innewohnend, halten. Dieser Irrtum – den der Buddhismus Unwissenheit nennt – ermöglicht die Entwicklung machtvoller Impulse der Bindung und Abneigung, und diese Impulse erzeugen im Allgemeinen Leid. Doch die Welt der Unwissenheit und der Leidens, das *Samsara*, ist keine unvermeidliche Grundbedingung der Existenz, sondern ein mentales Universum, das auf einer irrigen Vorstellung der Wirklichkeit beruht.[57]

Die Welt der Erscheinungen entsteht durch das Zusammentreffen einer unendlichen Zahl von Ursachen und Parametern, die permanent in Veränderung begriffen sind. Wie ein Regenbogen, der entsteht, wenn die Sonne durch einen Regenvorhang scheint, und wieder entschwindet, sobald eines der für sein Erscheinen erforderlichen Elemente sich auflöst, existieren die Phänomene im Wesentlichen nur auf von einander abhängige Weise und haben keine autonome und dauerhafte Existenz. Alles ist Beziehung, nichts existiert für sich allein. Sobald man dieses wesentliche Konzept begriffen und verinnerlicht hat, macht die irrige Vorstellung von der Welt einem korrekten Verständnis der Natur der Dinge und des Seins Platz. Dann schält sich allmählich eine Weisheit heraus, die nicht nur eine rein philosophische Konstruktion ist. Sie fegt unsere mentale Blindheit und die daraus entstehenden schmerzlichen mentalen Zustände und damit die wichtigsten Gründe unseres Leidens davon.

Jedes Lebewesen besitzt das notwendige Potenzial zum wahren Glück und zur Vollkommenheit, so wie jeder Sesamsamen öldurchlässig ist. Unwissenheit bedeutet in diesem Zusammenhang, dass ein Wesen sich dieses Potenzials nicht bewusst ist, so wie ein Bettler sich nicht des Vermögens bewusst ist, das in seiner Hütte versteckt ist. Wenn wir unsere wahre Natur wiederfinden und uns diesen verborgenen Reichtum aneignen, dann können wir ein sinnerfülltes Leben führen. Das ist das sicherste Mittel, um Gelassenheit zu finden und unseren echten Altruismus sich entfalten zu lassen.[58]

Das Glück kommt indes nicht einfach, nur weil man es ersehnt oder weil man betet, um es zu bekommen. Es ist kein Geschenk, das der Zufall über uns ausbreitet und das ein Schicksalsschlag uns wieder nimmt. Das Glück ist eine Fähigkeit, die Anstrengung und Zeit erfordert.[59]

So einflussreich die äußere Umgebung auch sein mag, Leiden und Wohlbefinden sind im Wesentlichen Geisteszustände.

Es ist der Geist, der gute und schlechte Umstände in Glück oder Unglück übersetzt. Die Suche nach Glück hat nichts damit zu tun, dass man durch eine rosarote Brille auf die Welt blickt oder es vermeidet, den Schmerz und die Unvollkommenheit der Welt zu sehen und zu fühlen. Es geht vielmehr um die Beseitigung der mentalen Gifte wie Hass oder triebhaftes Verlangen – die den Geist buchstäblich vergiften – und vor allem der Unwissenheit.

Niemand wird morgens wach und denkt: »Könnte ich nur den ganzen Tag leiden und wenn möglich, mein ganzes Leben lang.« Wir bemühen uns alle, bewusst oder unbewusst, geschickt oder ungeschickt, glücklich zu sein und weniger zu leiden. Dennoch verwechseln wir oft das wahre Glück mit der schlichten Jagd nach angenehmen Gefühlen. Das Glück als Erfüllung all unserer Sehnsüchte und all unserer Leidenschaften zu betrachten – und das insbesondere unter einem rein egozentrischen Gesichtspunkt zu sehen –, heißt die legitime Sehnsucht nach Erfüllung mit einer Utopie zu verwechseln, die nur zu Frustration führen kann. Es ist ein Fakt, dass wir ohne den unerlässlichen inneren Frieden und Weisheit nichts von dem besitzen, was wir brauchen, um glücklich zu sein. Das Glück ist ein Zustand innerer Erfülltheit, nicht die Belohnung unerschöpflicher Begierden nach äußeren Objekten. Wie es in dem tibetischen Sprichwort heißt: »Das Glück außerhalb von uns selbst zu suchen ist, als warte man in der Tiefe einer nach Norden gehenden Höhle auf das Sonnenlicht.« Unsere Begierden sind grenzenlos und unsere Macht über die Welt ist begrenzt, befristet und die meiste Zeit illusorisch. Wenn das Glück aber ein Zustand ist, der von inneren Bedingungen abhängig ist, dann kann jeder von uns diese Bedingungen erkennen und herstellen. Das Glück fällt uns nicht in den Schoß, so wenig wie das Leid uns auferlegt ist. Jeder Augenblick ist eine Kreuzung, an der wir uns entscheiden müssen, welche Richtung wir einschlagen wollen.

UNSER GLÜCK HÄNGT VON DEM DER ANDEREN AB

Unter allen ungeschickten, blinden und extremen Mitteln, die wir einsetzen, um glücklich zu werden, ist der Egozentrismus das unfruchtbarste. Die Suche nach einem egoistischen Glück ist von vornherein zum Scheitern verurteilt. Es handelt sich um eine »Lose-lose«-Situation, in der wir uns unglücklich machen und um uns herum Leid erzeugen. Das soll keinesfalls heißen, dass wir unser eigenes Glück vernachlässigen sollen. Unser Wunsch nach Glück ist ebenso legitim wie der jedes beliebigen anderen. Das Ziel ist, in jedem Augenblick ein Gefühl des tiefen Wohlbefindens und der Weisheit zu empfinden, das von Liebe zu jedem fühlenden Wesen begleitet wird und nicht von dieser Selbstverliebtheit, die die moderne Gesellschaft uns permanent verordnet. Das wahre Glück entsteht aus der grundlegenden Güte, nach der jeder Mensch, der seinem Leben einen Sinn geben will, sich aus ganzem Herzen sehnt.[60]

GLÜCK UND VERGNÜGEN

Der am weitesten verbreitete Irrtum ist die Verwechslung von Vergnügen und Glück. Die flüchtige Erfahrung des Vergnügens ist abhängig von bestimmten Umständen, einem Ort oder einem besonderen Moment. Sie ist von Natur aus vergänglich, und das damit verbundene Gefühl wird schnell schal oder sogar unangenehm. Wenn diese Erfahrung wiederholt wird, kann sie daher fade oder sogar abstoßend werden. Ein köstliches Essen ist eine echte Quelle des Vergnügens, aber es reizt uns nicht mehr, wenn wir satt sind, und wir könnten sogar Ekel davor empfinden, wenn wir weiteressen würden.

Das Vergnügen nutzt sich durch die Gewohnheit ab wie eine Kerze, die erlischt. Es ist beinahe immer mit einer bestimmten Aktivität verknüpft und führt von Natur aus zur Ermüdung, je mehr es wiederholt wird. Schöne Musik zu hören erfordert eine Konzentration, die man nicht unendlich lange aufrechterhalten kann, so minimal sie auch sein mag. Die Musik würde unerträglich werden, wenn wir gezwungen wären, sie tagelang zu hören.

Wahres Glück und Erfüllung können im Gegensatz zum Vergnügen zwar von den Umständen beeinflusst werden, sind aber nicht davon abhängig. Tatsächlich liefern sie uns innere Ressourcen, damit wir besser mit diesen Umständen umgehen können. Sie verwandeln sich nicht in ihr Gegenteil, sondern festigen sich und wachsen mit der Erfahrung. Sie schenken uns ein Gefühl der Erfüllung, das mit der Zeit zu einer zweiten Natur wird.

Kurz, es gibt überhaupt keinen direkten Zusammenhang zwischen Glück und Vergnügen. Diese Unterscheidung soll keinesfalls heißen, dass wir nicht nach angenehmen Empfindungen suchen sollten. Es gibt keinen Grund, sich der Freude zu berauben, eine herrliche Landschaft zu betrachten, im Meer zu schwimmen oder den Duft einer Rose zu riechen, solange uns das nicht uns selbst entfremdet. Genüsse werden nur dann zu Hindernissen, wenn sie von Begehrlichkeit gefärbt sind und unsere innere Freiheit beeinträchtigen, indem sie die Entstehung von Gier und Abhängigkeit zulassen.

Auf dieser Grundlage kann man nun verstehen, dass selbst unangenehme Erfahrungen wie Traurigkeit angesichts einer

Tragödie, einer Ungerechtigkeit oder eines Massakers in keiner Weise unvereinbar sind mit Mitgefühl, mit dem Gefühl, seinem Leben ein Ziel und einen Sinn zu geben, mit einer inneren Kraft und einem tiefen Vertrauen in die eigene Entschlossenheit, sich für eine bessere Welt einzusetzen. Man kann daher auch im Kummer weiter nach einem konstruktiveren und sinnerfüllten Leben streben, und das ist das Charakteristikum des wahren Glücks.

LEID

So wie wir zwischen Vergnügen und Glück unterschieden haben, müssen wir auch zwischen Kummer und Leid unterscheiden. Wir ertragen das Leid, aber wir schaffen selbst das Gefühl, unglücklich zu sein. Das Wort *Dukha* in Sanskrit, das Gegenteil von *Sukha*, bezeichnet nicht einfach nur eine unangenehme Empfindung, sondern verweist auf eine grundlegende Verletzbarkeit durch Leiden und Schmerz, die letztlich zu einem Weltüberdruss führen kann, zu dem Gefühl, dass das Leben es nicht wert ist, gelebt zu werden, weil man absolut keinen Sinn darin finden kann.

Wir haben keinen Einfluss darauf, ob wir behindert geboren werden, krank werden, einen geliebten Menschen verlieren, Opfer von Krieg oder einer Naturkatastrophe werden. Ganz anders verhält es sich mit dem Unglück, das heißt mit unserer Art, wie wir diese Leiden erleben. Das Unglück kann selbstverständlich Hand in Hand gehen mit körperlichen und moralischen Schmerzen, die durch äußere Bedingungen verursacht wurden, aber es ist seinem Wesen nach nicht damit verknüpft. Da der Geist das Leiden in Unglück übersetzt, ist es auch Aufgabe des Geistes, Herr über die Wahrnehmung des Unglücks zu werden. Der Geist ist anpassungsfähig. Nichts in ihm zwingt uns ein unheilbares Leiden auf. Schon die winzigste Veränderung in unserer Art, mit unseren Gedanken umzugehen, die Welt wahrzunehmen und zu interpretieren, kann unser Leben massiv verändern.

Der Buddhismus kennt auch eine latente Form des Leids, die am schwierigsten wahrnehmbar ist, denn sie wurzelt in der Blindheit unseres Geistes selbst und bleibt dort so lange bestehen, wie wir unter der Herrschaft von Unwissenheit und Egozentrismus stehen. Diese aus dem Mangel an Einsicht und Weisheit resultierende Verwirrung macht uns blind für das, was wir in einer gegebenen Situation sinnvollerweise tun oder lassen sollen, damit unsere Gedanken, unsere Worte und unsere Taten Glück hervorbringen und nicht Unwohlsein. Die Verwirrung und die damit verbundenen Tendenzen treiben uns dazu, die Verhaltensweisen, die unseren Qualen zugrunde liegen, immer weiter aufrechtzuerhalten. Um einen so schädlichen Irrtum zu beseitigen, müssen wir aus dem Traum der Unwissenheit erwachen und die Augen für die subtilsten Aspekte der Glücks und des Leids öffnen.

Gibt es ein Mittel, um das Leid zu beenden? Dem Buddhismus zufolge wird das Leid als universelles Phänomen immer existieren, doch jedes Individuum besitzt das Potenzial, sich davon zu befreien.

Daher führt diese Sichtweise den Buddhismus nicht zu der von manchen westlichen Philosophen vertretenen Aussage, dass das Leid unvermeidlich und das Glück unerreichbar sei. Der Grund dafür ist einfach: Das Gefühl, unglücklich zu sein, hat Ursachen, die man identifizieren und beeinflussen kann.

Der erste Irrtum besteht darin zu glauben, das Unglück sei unvermeidlich, weil es einem göttlichen Willen oder einem anderen unabänderlichen Prinzip entspringt, und entziehe sich deshalb für immer unserer Macht. Der zweite Irrtum äußert sich in der Idee, dass das Unglück keine feststellbare Ursache hat, dass es zufällig über uns kommt und nicht von uns abhängt. Der dritte Irrtum speist sich aus einem konfusen Fatalismus, der auf die Behauptung hinausläuft, dass »egal was die Ursachen sind, der Effekt immer der gleiche ist«.

Wenn das Unglück unabänderliche Ursachen hätte, dann könnten wir ihm nie entgehen. Es wäre dann besser, sagt der Dalai Lama, »sich nicht noch zusätzlich zu quälen, indem wir ständig über unserem Leid brüten. Dann lieber an etwas anderes denken, an den Strand gehen und ein gutes Bier trinken!« Es wäre in der Tat sinnlos, das Leid noch durch ein Gefühl der Verzweiflung zu verstärken, wenn es keine Abhilfe dagegen gäbe. Dann wäre es besser, es entweder voll und ganz zu akzeptieren oder seinen Geist abzulenken, um es als weniger quälend zu empfinden.

Aber alles, was passiert, hat einen Grund. Welche Glut beginnt nicht mit einem Funken, welcher Krieg ohne Hass, Angst oder Gier? Welches innere Leid hat sich nicht auf einem fruchtbaren Boden entwickelt, der aus Eifersucht, Feindseligkeit, Eitelkeit oder, auf elementarere Weise, Unwissenheit besteht? Jede erwiesene Ursache kann selbst eine Veränderung bewirken; nichts kann autonom und unveränderlich existieren.

Wahres Glück resultiert daraus, dass wir durch die Entwicklung verschiedener grundlegender Eigenschaften wie altruistische Liebe, Mitgefühl, Frieden und innere Kraft selbst neue Ursachen schaffen. Anstatt so anfällig für äußere Umstände zu sein wie das Vergnügen, schenkt uns das echte Glück die Mittel, um die unvermeidlichen Höhen und Tiefen des Lebens zu bewältigen.

Wir haben alle das notwenige Potenzial, um die Schleier der Unwissenheit zu lüften, um uns vom Egoismus und von unangemessenen Begierden, die Verzweiflung erzeugen, zu befreien, um für das Wohl der anderen zu arbeiten und das Wesen unserer menschlichen Existenz zutage zu fördern. Es kommt nicht darauf an, wie groß die Aufgabe ist, sondern wie groß unsere Entschlossenheit ist.

DIE VIER WAHRHEITEN DES LEIDS

Vor mehr als zweitausendfünfhundert Jahren hielt der Buddha sieben Wochen nach seinem Erwachen unter dem Bodhi-Baum seine erste Predigt im Gazellenpark in der Nähe von Benares. Dort verkündete er die Vier Edlen Wahrheiten. Die erste Wahrheit ist das Leid. Nicht nur das Leid, das ins Auge springt, sondern auch seine subtileren Formen, wie wir gesehen haben. Die zweite Wahrheit ist die Wahrheit von den Ursachen des Leids, von der Unwissenheit, die Verlangen, Abneigung, Stolz und viele andere Gedanken erzeugt, die unser Leben und das der anderen vergiften. Da diese Gedankengifte eliminiert werden können, gibt es ein Ende des Leids – das ist die dritte Wahrheit. Die vierte Wahrheit ist die vom Weg, der diese Möglichkeit Realität werden lässt. Dieser Weg ist der Prozess, der alle Mittel umsetzt, um die grundlegenden Ursachen des Leids auszuschalten. Summa summarum muss man:

- das Leid anerkennen,
- seine Ursache ausschalten,
- sein Ende realisieren
- und zu diesem Zweck den Weg praktizieren.

DIE NATUR DES GEISTES BETRACHTEN

Eine der Hauptursachen des Leids ist die Unfähigkeit, unsere Gedanken zu beherrschen. Ein entscheidender Schritt auf dem Weg zum inneren Frieden besteht daher darin, dass wir lernen, das unablässige Stakkato störender Gedanken zu lindern.

Wir müssen uns nun genauer mit dem Geist befassen. Das Erste, was wir feststellen, ist, dass der Strom der Gedanken immer in Bewegung ist, ohne dass uns das überhaupt bewusst wäre. Ob wir wollen oder nicht, in unserem Geist kreisen permanent unzählige Gedanken, die aus unseren Gefühlen, Erinnerungen oder unserer Fantasie entspringen. Aber gibt es nicht auch einen immer existierenden Zustand des Geistes, unabhängig vom Inhalt der Gedanken? Dieser Zustand ist das unbedingte, das nicht bedingte Bewusstsein, das all unseren Gedanken zugrunde liegt und fortbesteht, während der Geist für einige Augenblicke innehält, gleichsam still ist, dabei jedoch seine Fähigkeit zur Erkenntnis bewahrt. Diese Fähigkeit, diese einfache »wache Gegenwart«, könnte man als »reines Bewusstsein« bezeichnen, denn sie kann ohne mentale Konstruktionen existieren.

Lassen wir den Geist weiter sich selbst beobachten. Man macht dabei unbestreitbar die Erfahrung dieses »reinen Bewusstseins« sowie der Gedanken, die darin auftauchen, es existiert folglich. Was aber kann man davon abgesehen darüber sagen? Ist es möglich, die Gedanken durch ein wie auch immer geartetes Merkmal zu charakterisieren? Haben sie einen Ursprung? Nein. Eine Farbe? Eine Form? Auch nicht. Man findet darin nur die Qualität »erkennen«, aber kein anderes reales, inneres Merkmal. In diesem Sinne sagt der Buddhismus, dass der Geist »leer von eigener Existenz« ist. Das bedeutet, dass der Geist keine getrennte Einheit ist und keine inhärenten Eigenschaften wir Ursprung, Form, Farbe etc. aufweist.

Wenn man begreift, dass die Gedanken dem reinen Bewusstsein entspringen und wieder darin eingehen wie Wellen, die sich aus dem Meer erheben und wieder damit verschmelzen, dann hat man einen großen Schritt hin zu innerem Frieden getan. Von diesem Zeitpunkt an haben unsere Gedanken einen großen Teil ihrer Macht, uns zu verwirren, verloren.

GEFÜHLE

Wenn die Leidenschaften die großen Theaterstücke des Geistes sind, dann sind die Gefühle seine Schauspieler. Unser ganzes Leben lang rauschen sie wie ein entfesselter Fluss durch unseren Geist und stürzen uns unzählige Male in Zustände von Glück oder Kummer. Sollen wir versuchen, diesen Fluss zu bändigen? Ist das möglich, und falls ja, wie? Bestimmte Emotionen helfen uns, uns zu entfalten, andere untergraben unser Wohlbefinden, wieder andere verhärten uns. Liebe, die dem Wohlbefinden der anderen dienen will, Mitgefühl in Gedanken und Taten, um ihr Leid zu lindern, das sind Beispiele für Gefühle, die dazu beitragen, Glück zu erlangen. Die Unersättlichkeit eines obsessiven Verlangens, Gier, die an das Objekt ihrer Anhaftung fesselt, und Hass sind Beispiele für leidvolle Emotionen. Wie können wir konstruktive Emotionen entwickeln und uns gleichzeitig von den destruktiven befreien?

Wenn eine Emotion unseren inneren Frieden und unser Streben nach dem, was für die anderen gut ist, stärkt, dann ist sie positiv oder konstruktiv; wenn sie unsere Gelassenheit zerstört, unseren Geist in tiefe Verwirrung stürzt und anderen Böses will, dann ist sie negativ oder leidvoll. Daraus folgt, dass das einzige Kriterium das Wohlergehen oder das Leiden ist, das wir durch unsere Taten, unsere Worte und unsere Gedanken bewirken, für uns selbst ebenso wie für die anderen. Das unterscheidet zum Beispiel die »heilige Wut« – die Empörung über eine Ungerechtigkeit – vom Zorn, der aus dem Verlangen entsteht, jemandem wehzutun.

Wir müssen unsere Gedanken der Reihe nach durcharbeiten, indem wir analysieren, wie sie auftauchen und sich entwickeln, und indem wir allmählich lernen, sie im Moment ihrer Entstehung zu befreien; das neutralisiert die Kettenreaktionen, durch die Gedanken den Geist überwältigen können. Zudem nutzt sich mit der Zeit die Tendenz dieser negativen Gedanken ab, sich immer wieder zu entwickeln, wenn wir fähig werden, uns von solchen leidvollen Emotionen schon im Moment ihrer Entstehung zu befreien. So wie unsere Emotionen, unsere Stimmungen und unsere Art zu funktionieren durch die Anhäufung unzähliger momentaner Gedanken geformt wurden, so können sie auch mit der Zeit transformiert werden, wenn man solche Gedanken mit vollem Bewusstsein betrachtet.

Der Buddhismus kennt nur ein einziges Ziel in Bezug auf unsere Emotionen: Er will uns von den grundlegenden Ursachen des Leidens befreien. Er geht von dem Prinzip aus, dass bestimmte mentale Ereignisse, unabhängig von ihrem Grad und dem Kontext, in dem sie stattfinden, verwirrend sind. Das gilt insbesondere für die drei mentalen Prozesse, die als fundamentale »Gifte« für den Geist gelten: Verlangen (im Sinne von Durst, quälender Gier), Hass (das Verlangen zu schaden) und Verwirrung (die unsere Wahrnehmung der Realität verzerrt). Der Buddhismus fügt im Allgemeinen noch Stolz und Neid hinzu. Sie alle zusammen bilden die fünf Hauptgifte, an die etwa sechzig negative Geisteszustände gekoppelt sind. In den Texten ist auch von »vierundachtzigtausend negativen Emotionen« die Rede. Diese sind nicht genau erläutert, aber diese symbolische Zahl vermittelt eine Vorstellung von der Komplexität des menschlichen Geistes und soll uns verständlich machen, dass die Methoden der Transformation des Geistes an eine ungeheure Vielfalt von mentalen Dispositionen angepasst werden müssen. Aus diesem Grund spricht man im Buddhismus von den »vierundachtzigtausend« Toren, die zur inneren Erleuchtung führen.

BEGIERDE

Niemand würde bestreiten, dass es natürlich ist, Verlangen zu empfinden, oder dass das Verlangen eine Hauptrolle in unserem Leben spielt. Aber Achtung: Man darf die Sehnsucht, sich als menschliches Wesen zu verbessern, sich um das Wohlergehen der anderen zu bemühen und sein geistiges Erwachen zu vervollkommnen, nicht mit der Begierde verwechseln, die reine Gier ist und den Geist martert.

So natürlich das Verlangen ist, es verkommt zu einem »mentalen Gift«, sobald es zu Gier, einer Obsession oder einer maßlosen Anhaftung wird. Wie der Buddha Shakyamuni lehrte: »Von Begierde getrieben springst du wie ein Affe im Busch von Ast zu Ast, ohne je eine Frucht zu finden, von Leben zu Leben, ohne Frieden zu finden.«

HASS

Hass ist das schädlichste unter allen mentalen Giften. Er ist eine der wichtigsten Ursachen des Unglücks und die Triebkraft für jede Gewalt, jeden Genozid und unzählige Angriffe auf die menschliche Würde. Solange der Hass eines Menschen den Hass eines anderen provoziert, wird der Kreislauf des Grolls, der Unterdrückung und des Leids nie durchbrochen werden. »Wenn Hass auf Hass antwortet, wird der Hass nie ein Ende haben«, lehrt der Buddha Shakyamuni. Den Hass aus unserem Gedankenstrom zu eliminieren ist daher eine essenzielle Etappe auf unserer Reise zum Glück.

Hass übertreibt die Fehler und ignoriert die positiven Qualitäten seines Objekts. Der von Feindseligkeit und Groll erfüllte Geist schließt sich in der Täuschung ein und ist überzeugt, dass der Grund seiner Frustration vollkommen außerhalb seiner selbst liegt. Wir betrachten Eigenschaften wie »teuflisch« oder »widerwärtig«, die wir zu erkennen glauben, als permanent und wesensinhärent und wir schließen jede Möglichkeit einer Neubewertung der Situation damit aus. Damit halten wir es für unser gutes Recht, Feindseligkeit zu empfinden und Vergeltung zu üben. Es folgen Diskriminierung, uneingeschränkte Verurteilungen, Verfolgungen, Genozide, blinde Rache sowie die Todesstrafe, die höchste legale Form der Rache. In diesem Stadium haben wir die natürliche Güte verdeckt, die uns ermöglicht zu begreifen, dass jeder von uns den Wunsch verspürt, Leid zu vermeiden und Glück zu erlangen.

Unser Mitgefühl und unsere Liebe hängen im Allgemeinen von der liebevollen oder aggressiven Haltung der anderen uns gegenüber oder denen gegenüber, die wir lieben, ab. Aus diesem Grund ist es extrem schwierig, für Menschen, die uns wehtun, Mitgefühl zu empfinden. Das buddhistische Mitgefühl beruht jedoch auf dem aufrichtigen Verlangen, alle Geschöpfe ohne Ausnahme vom Leid und seinen Ursachen, insbesondere vom Hass, zu befreien. Von altruistischer Liebe inspiriert kann man auch noch weiter gehen und wünschen, dass alle Menschen, einschließlich der Verbrecher, die Quellen des Glücks finden.

Das einzige Ziel des Grolls, das uns bleibt, ist der Hass selbst. Er ist ein verlogener, unerbittlicher und unnachgiebiger Feind, der unermüdlich Verwirrung und Zerstörung ins Leben bringt. So angemessen unermüdliche Geduld gegenüber denen sein mag, die wir für unsere Feinde halten, so vollkommen unangemessen ist es, dem Hass selbst Geduld entgegenzubringen, egal unter welchen Umständen.

UNWISSENHEIT: SICH AN DAS EGO KLAMMERN ZERSTÖRT DAS GLÜCK

Der Buddhismus lehrt, dass unsere geistige Verwirrung und unsere Unwissenheit durch nichts so radikal verstärkt werden wie dadurch, dass wir uns an die Vorstellung einer persönlichen Identität klammern: an das individuelle »Ich«.

Der Begriff der persönlichen Identität umfasst drei Aspekte: das »Ich«, die »Person« und das »Selbst«. Diese drei Aspekte unterscheiden sich nicht grundlegend voneinander, sondern beziehen sich auf unsere unterschiedlichen Arten, unsere Wahrnehmung der persönlichen Identität zu formulieren.

Das »Ich« lebt in der Gegenwart. Es ist das »Ich«, das denkt, »Ich habe Hunger« oder »Ich existiere« sagt. Es ist der Ausdruck des Gewissens, der Gedanken, des Urteils und des Willens. Es ist das Erleben unseres aktuellen Zustands.

Das Konzept der »Person« ist umfassender. Es bezeichnet eine dynamische Kontinuität unserer Erfahrung und unserer Geschichte, die sich über die Zeit erstreckt und verschiedene Aspekte unserer körperlichen, mentalen und sozialen Existenz vereint. Ihre Grenzen sind verschwommener.[61]

Aber es gibt auch noch das gedanklich gefasste »Selbst«, das durch die Macht der Gewohnheit geformt wird. Wir sprechen ihm verschiedenste Qualitäten zu und wir meinen damit das autonome und dauerhafte Herz dessen, was wir sind.

Der Körper durchläuft in jedem Augenblick zwischen Geburt und Tod unablässige Verwandlungen und der Geist wird das Theater unzähliger emotionaler und gedanklicher Erfahrungen. Dennoch schreiben wir dem Ego Eigenschaften wie Dauerhaftigkeit, Einheit und Autonomie zu. Mehr noch, während wir spüren, dass dieses Selbst sehr verletzlich ist und beschützt und genährt werden muss, kommen Abneigung und Anziehung (Anhaftung) ins Spiel – Abneigung gegen alles, was es bedroht, und Hingezogensein zu allem, was ihm gefällt, es bestärkt, sein Vertrauen erregt oder es entspannt. Diese beiden grundlegenden Gefühle – Anziehung und Abstoßung – sind die Fundamente eines ganzen Ozeans konfliktträchtiger Emotionen.

Wir stellen uns vor, wir seien geschützt, wenn wir uns in die Blase des Egos zurückziehen. Wir nähren die Illusion, wir seien getrennt von der Welt, und hoffen, auf diese Weise das Leid vermeiden zu können. Tatsächlich erreichen wir dadurch genau das Gegenteil, denn das Festhalten am Ego und eine übertriebene Eigenliebe sind mächtige Magneten, um das Leid anzuziehen.

Jeder von uns ist zwar eine einzigartige Person und es ist nichts falsch daran, zu schätzen und anzuerkennen, wer wir sind, und nach Glück zu streben. Doch wenn wir die getrennte Identität des Egos stärken, sind wir nicht mehr im Einklang mit der Realität. Die Wahrheit ist, dass wir in einer grundlegenden Abhängigkeit von anderen Menschen und unserer Umgebung leben.

Unsere Erfahrung ist einfach der Inhalt des mentalen Stroms, die Kontinuität des Bewusstseins, und es gibt nicht die geringste Rechtfertigung dafür, das Ego als eine vollkommen abgegrenzte Einheit innerhalb dieses Stroms zu betrachten. Dennoch sind wir so daran gewöhnt, diesem Strom das Etikett »Ich« zuzuschreiben, dass wir uns am Ende damit identifizieren und seinen Tod fürchten. Daraus folgt ein erbittertes Festhalten am Ego und damit am Begriff »mein« – mein Körper, mein Name, mein Besitz, meine Freunde und so weiter. Das wiederum führt entweder zum Verlangen nach Besitz oder zu einem Gefühl der Abneigung gegen den »anderen«.

Diese irrige Vorstellung vom Selbst bildet die Grundlage aller mentalen Heimsuchungen, ob Hass, Anziehung, Begierde, Neid, Stolz oder Verwirrung. Von diesem Ausgangspunkt sehen wir die Welt durch den Zerrspiegel unserer Illusionen, und das führt unweigerlich zu Frustration und Leiden.

Sehen wir einmal an, was Bestandteil unserer Identität sein soll. Unser Körper? Eine Ansammlung von Knochen und Fleisch. Unser Bewusstsein? Ein ununterbrochener Strom von Augenblicken. Unsere Geschichte? Die Erinnerung an etwas, das nicht mehr ist. Unser Name? Wir verbinden alle möglichen Vorstellungen damit – unser Erbe, unseren Ruf oder unseren sozialen Status –, aber letzten Endes ist er nichts weiter als eine Summe von Buchstaben.[62]

Wenn wir den Körper, die Sprache und den Geist beobachten, erkennen wir am Ende, dass dieses Selbst nichts weiter als ein Wort, ein Etikett, eine Konvention, eine Bezeichnung ist. Um die Täuschung des Egos zu entlarven, müssen wir in unserer Suche bis zum Ende gehen. Wenn Sie einen Einbrecher in Ihrem Haus vermuten, dann müssen Sie jedes Zimmer durchsuchen, jeden Winkel, jeden Ort, an dem er sich möglicherweise verstecken könnte, nur um sich zu vergewissern, dass wirklich niemand da ist. Erst danach können Sie sich wieder entspannen.

Wenn wir unbeirrbar überlegen, kommen wir zu der Schlussfolgerung, dass das Ego sich nicht außerhalb des Körpers befindet und auch nicht in einem beliebigen Teil desselben, und dass es weiterhin auch keine diffuse Entität ist, die ihn ganz durchdringt. Wir wollen gerne glauben, dass das Ego mit dem Bewusstsein verknüpft ist, aber auch das Bewusstsein ist nur ein Strom von Erfahrungen: Der vergangene Augenblick des Bewusstseins ist tot (nur sein Effekt bleibt bestehen), der zukünftige ist noch nicht da und der gegenwärtige ist nicht von Dauer. Wie könnte also ein abgegrenztes Ego existieren, das zwischen etwas, das nicht mehr existiert, und etwas, das noch nicht existiert, in der Schwebe ist?

Der Buddhismus kommt infolgedessen zu dem Schluss, dass das Ego nur eine Konvention ist, ein Name, den wir einer Kontinuität geben, genauso wie wir einen Fluss Ganges oder Mississippi nennen. Wenn das Ego aufhört, das Wichtigste auf der Welt zu sein, dann können wir uns leichter auf andere konzentrieren. Der Anblick ihres Leids bestärkt uns in unserem Mut und unserer Entschlossenheit, uns in ihrem Namen zu bemühen, anstatt uns mit unseren eigenen emotionalen Nöten zu lähmen.

ÜBUNGEN

Die erste Methode besteht darin, die leidvollen Emotionen mit einem speziellen Gegengift zu neutralisieren, genauso wie wir die zerstörerischen Wirkungen eines Gifts mit einem Gegengift neutralisieren oder die einer Säure mit einer Base. Ein grundlegender Gedanke des Buddhismus ist, dass zwei diametral entgegengesetzte mentale Prozesse nicht gleichzeitig auftreten können.

Wir können schnell von Liebe zu Hass übergehen, aber wir können nicht im gleichen Augenblick des Bewusstseins das Verlangen haben, jemanden zu verletzen, und ihm zugleich Gutes tun wollen. Die beiden Impulse sind so gegensätzlich wie Feuer und Wasser.

Denken wir an jemanden, der sich uns oder uns Nahestehenden gegenüber feindselig verhalten hat und uns Schmerzen zugefügt hat. Denken wir auch an Menschen, die anderen ungeheures Leid zufügen oder zugefügt haben. Machen wir uns klar, dass sie von ganz allein aufhören würden, unsere Feinde und die der Menschheit zu sein, wenn die mentalen Gifte, die sie zu einem solchen Verhalten bewogen haben, aus ihrem Geist verschwinden würden. Wünschen wir uns aus ganzem Herzen, dass diese Transformation stattfindet. Zu diesem Zweck greifen wir auf die Meditation über altruistische Liebe zurück und formulieren den folgenden Wunsch: »Mögen alle Lebewesen sich vom Leid und den Ursachen des Leids befreien können. Mögen Hass, Gier, Arroganz, Verachtung, Gleichgültigkeit, Geiz und Neid aus ihrem Geist verschwinden und altruistische Liebe, Zufriedenheit, Bescheidenheit, Wertschätzung, Sorge, Großzügigkeit und Sympathie an ihre Stelle treten.«

Lassen wir dieses Gefühl bedingungslosen Wohlwollens all unsere Gedanken durchdringen.

Eine andere Art, mit störenden Gedanken umzugehen, besteht darin, dass wir mental Abstand zu der Emotion nehmen, die uns betrübt. Gewöhnlich identifizieren wir uns vollkommen mit unseren Emotionen. Wenn wir von einem Anfall von Angst erfasst werden, dann sind wir mit ihr eins. Sie ist allgegenwärtig in unserem Geist und lässt keinen Raum für andere Bewusstseinszustände wie den inneren Frieden. Wenn wir jedoch in diesem Augenblick noch zu ein wenig Geistesgegenwart in der Lage sind - eine Fähigkeit, die man sich antrainieren kann -, dann können wir aufhören, uns mit der Angst zu identifizieren. Der Geist ist in der Tat fähig zu prüfen, was in ihm vorgeht. Es genügt, dass er seine Emotionen so beobachtet, wie wir es bei einem äußeren Ereignis tun, das sich vor unseren Augen abspielt. Dabei ist der Teil unseres Geistes, der sich der Angst bewusst ist, einfach reines Bewusstsein: Er hat keine Angst. Anders gesagt, das reine Bewusstsein - die Achtsamkeit - wird nicht von der Emotion, die es beobachtet, berührt. Wenn wir das verstehen, können wir Distanz gewinnen, uns bewusst machen, dass diese Emotion keine Substanz hat, und ihr genügend Raum lassen, damit sie sich von alleine auflöst.

Stellen wir uns vor, wir sind von Angst überwältigt. Betrachten wir die Angst selbst. Wenn wir einfach nur den Blick unserer Aufmerksamkeit auf die Angst richten, dann kann sie nicht aus sich heraus weiterbestehen und erlischt allmählich wie ein Feuer, dem man keine Nahrung mehr zuführt.

Wir müssen auch verstehen, dass Angst letzten Endes nichts weiter als ein Gedanke ist. Woher nimmt sie die Macht, uns in diesem Maße zu beherrschen? Hat sie eine Farbe oder eine Form? Es würde uns sehr schwerfallen, solche Merkmale zu finden. Wenn man eine dicke schwarze Wolke an einem Gewitterhimmel betrachtet, dann wirkt sie so massiv, als könnte man sich daraufsetzen. Würde man jedoch zu dieser Wolke fliegen, dann würde man nichts Greifbares finden: Es gibt nur nicht fassbaren Dampf. Genauso verhält es sich mit der Angst: Wenn wir sie aufmerksam überprüfen, finden wir nichts, das ihren Einfluss auf uns rechtfertigen könnte. Je mehr wir uns bemühen, sie dingfest zu machen, umso mehr entschwindet sie unter unserem Blick wie der Reif unter den Strahlen der Sonne.

Indem wir uns immer mehr mit den Mechanismen des Geistes vertraut machen und uns in Achtsamkeit üben, lassen wir nicht mehr zu, dass der Funken der aufkeimenden Emotionen sich in einen Waldbrand verwandeln kann, der unser Glück und das der anderen zerstört.

SCHLUSSFOLGERUNG KLEINE SCHRITTE ZU EINER BESSEREN WELT

»Sei du selbst die Veränderung,
die du dir wünschst für diese Welt.«
Mahatma Gandhi

Die verschiedenen Kapitel dieses Buchs haben uns einen Einblick in einige Facetten der Positiven Psychologie gegeben und gezeigt, dass es sich lohnt, sich mit dem zu befassen, was funktioniert, anstatt umgekehrt.

Wir haben Ideen und Vorschläge kennengelernt, um uns dem Glück unter verschiedenen Blickwinkeln – persönlichen, gruppenspezifischen oder sozialen – zu nähern, indem wir die Erfahrungen und Empfehlungen der Autoren befolgen.

Die Welt, in der wir leben, ist voller Härte, aber auch voller Zärtlichkeit, voller Einsamkeit, aber auch voller Bindungen, voller Leid, aber auch voll Heilungspotenzial und Entfaltungsmöglichkeiten.

Die positive Sicht des Glücks in all seinen Spielarten besteht nicht darin, die Augen vor den ungeheuren Leiden, Ungleichheiten und Ungerechtigkeiten zu verschließen, mit denen wir konfrontiert sind. Sie schlägt uns stattdessen vor, dass wir uns auf die Instrumente und Bedingungen konzentrieren, die eine Verbesserung dieser Situation ermöglichen, indem wir unser Augenmerk auf das richten, was sowohl individuell wie auch in Beziehungen, Organisationen, Politik und Umwelt am besten funktioniert.

Die Positive Psychologie gibt einen Vorgeschmack auf eine revolutionäre Veränderung im Bereich der Geisteswissenschaften, weil sie sich für die Bedingungen interessiert, die ausgehend von den Qualitäten, Stärken und Ressourcen von Individuen und Gruppen ein erfüllteres individuelles und soziales Leben ermöglichen. Ihr Ziel ist es, die Fähigkeit zu lieben und geliebt zu werden, zu fördern, die Fähigkeit, unserem Verhalten einen Sinn zu verleihen, Verantwortung zu übernehmen für das, was wir verändern können, und uns dem Unvermeidlichen zu stellen. Sie schlägt uns eine optimistische Sicht des Lebens vor, im Sinne dieses Zitats des Philosophen Emerson: »Es gibt kein Unkraut, es gibt nur Pflanzen, deren Vorzüge noch nicht entdeckt wurden.«

Die Positive Psychologie distanziert sich von einer »pathologisierenden« Sichtweise der menschlichen Natur, die nur darauf abzielt, abweichendes oder problematisches Verhalten zu unterdrücken oder zu korrigieren. Sie schlägt uns vielmehr praktische Instrumente vor, um unsere Umwelt wohlwollend, aber realistisch zu sehen; dabei versucht sie, schädliche Wirkungen zu minimieren und die Entfaltung aller zu fördern.

Auch die Frage nach der Verantwortung ist ein zentrales Thema der Positiven Psychologie. Es geht in der Tat darum, dass wir uns bewusst machen, welches Glück wir haben, in einer im Vergleich zur Mehrheit der Bewohner des Planeten privilegierten Umgebung zu leben, und dass wir versuchen, uns Verhaltensweisen anzueignen, um die Kluft, die uns in puncto

Menschenrechte, Zugang zu Ressourcen, Gleichheit von anderen trennt, nicht noch weiter zu vertiefen. »Global denken, lokal handeln«, so lautet eine der Grundmaximen einer nachhaltigen Entwicklung. Können wir nicht genau da, wo wir sind, und nirgendwo sonst am besten diese ersten kleinen Schritte hin zu einer besseren Welt machen? Die Positive Psychologie zeigt uns, dass die Suche nach Glück und die Suche nach Sinn uns nicht, wie manche uns glauben machen möchten, in entgegengesetzte Richtungen führen: Tatsächlich ergänzen sich die beiden Anliegen wunderbar! Kurzum, wir sollten versuchen, die binäre Sichtweise von uns selbst und der Welt hinter uns zu lassen, damit wir einen angenehmen, ethischen und sinnerfüllten Lebensweg einschlagen können.

Wir alle haben in unserer Eigenschaft als Menschen eine unterschiedliche natürliche Fähigkeit zum Glücklichsein, egal in welcher Umgebung und unter welchen Umständen wir leben. Es liegt in einem hohen Maße in unserer Macht zu entscheiden, ob wir sie nutzen wollen oder nicht. Es liegt ebenfalls in unserer Macht zu entscheiden, ob wir dazu beitragen wollen, uns für mehr Wohlbefinden auf einer höheren Ebene einzusetzen: für eine offenere, harmonischere und wohlwollendere Gesellschaft oder Welt. In diesem Sinne schlagen wir Ihnen vor, die Blumen in Ihren privaten und kollektiven Gärten zu gießen und sich nicht nur um die Disteln zu kümmern.

Ilios Kotsou und Caroline Lesire

EIN MÄRCHEN ZUM ABSCHLUSS, UM DIE SANFTMUT DES GEISTES ZU FÖRDERN

AN EINEM SCHÖNEN SOMMERTAG geht ein Mann auf einem Hügel mit Blick über das Meer spazieren. Er schlägt einen schmalen Weg ein, der inmitten von Wildgräsern zum Strand hinabführt. Als er sich dem Strand nähert, erkennt er in der Ferne eine Gestalt, die sich unermüdlich immer wieder zu bücken scheint, etwas aufhebt, sich aufrichtet und es ins Wasser wirft ...

Neugierig kommt unser Freund näher. Dabei erkennt er, dass der Strand übersät ist mit Seesternen, die bei Ebbe auf dem Sand geblieben sind und nun ersticken. Die Gestalt ist die einer sehr alten Frau, die sie unermüdlich aufsammelt und ins Wasser zurückwirft.

Verblüfft nähert er sich der Frau und spricht sie an: »Siehst du nicht, dass das, was du tust, nutzlos ist? Es gibt Tausende von Seesternen auf diesem Strand. Und bestimmt tausende weitere Strände, an denen sie auch sterben. Was du machst, ist hoffnungslos. Es ändert nichts.« Die Alte hebt einen Seestern auf und wirft ihn ins Meer, während sie dem Mann dabei sanft in die Augen blickt: »Für diesen hier«, sagt sie zu ihm, »ändert sich alles.«

DANKSAGUNG

Dieses Buch ist das Produkt gemeinsamer Anstrengungen, inspirierender und fröhlicher Begegnungen, die Frucht von Momenten der Dankbarkeit und Freundschaft.

Danke an Isabelle, Christophe, Jacques, Thomas, Éric und Matthieu für ihre großzügige Unterstützung und ihr Engagement bei Émergences.

Danke an Marianne, Fabienne, Christophe und Jacques für ihr Vertrauen und ihre professionelle Begleitung.

Danke an Françoise und Marie für die Übersetzung und das Lektorat.

Danke an euch alle, die diese Projekte ermöglichen.

Und schließlich danke an all diejenigen, die die hellen Seiten des Lebens erforschen und in den Mittelpunkt stellen, sei es durch wissenschaftliche Forschung, ein altruistisches Engagement oder ganz einfach durch ihre Art, den Alltag zu leben.

DER VEREIN ÉMERGENCES

Die gesamten Autorenhonorare dieses Buchs gehen an die *Association Émergences.*[63] Dieser Verein entstand aus einem dreifachen Wunsch: dem Wunsch, Begegnungen und Dialoge zwischen Menschen aus verschiedenen Richtungen über das gleiche Thema zu initiieren (Achtsamkeit oder Positive Psychologie), dem Wunsch, die Konzepte, die uns begeistern, mit einer möglichst großen Anzahl von Menschen zu teilen, aber auch aus der Motivation, positiven Einfluss auf unsere Gesellschaft zu nehmen. Zum einen, indem wir diese Ideen mit Eltern, Lehrern, Therapeuten, aber auch mit Bürgern und Bürgerinnen auf der Welt teilen. Zum anderen, indem wir alle Gewinne aus diesen Aktivitäten zur Finanzierung von Projekten verwenden, die unterprivilegierten Bevölkerungsgruppen den Zugang zu Bildung und/oder Gesundheit ermöglichen sollen.

Das zentrale Anliegen von Émergences ist die Organisation themenzentrierter Veranstaltungen im Rahmen eines Informationstags, Abendvortrags und Wochenendes mit Workshops zum Kennenlernen. Inspiriert von interdisziplinärem Denken, Entdeckerfreude und intellektueller Neugier versammeln wir dort Referenten, deren Arbeit wir sehr schätzen. Wir sorgen dafür, dass ihre verschiedenen und komplementären Blicke sich kreuzen und mit dem Auditorium geteilt werden können.

Die letzten Veranstaltungen von Émergences:

- Interdisziplinärer Tag über Achtsamkeit (Pierre Philippot, Thierry Janssen, Matthieu Ricard und Christophe André), Brüssel, 2009.
- Interdisziplinärer Tag über Positive Psychologie (Christophe André, Isabelle Filliozat, Thomas D'Ansembourg, Jacques Lecomte und Matthieu Ricard), Brüssel, 2010.
- Interdisziplinärer Tag über Achtsamkeit (Guido Bondolfi, Thierry Janssen, Matthieu Ricard und Christophe André), Paris, 2010.
- Interdisziplinärer Tag »Auf sich achten, auf andere achten« (Tania Singer, Rosette Poletti, Lytta Basset, Frans de Waal, Matthieu Ricard und Christophe André), Brüssel, 2011.

DIE AUTOREN

CHRISTOPHE ANDRÉ ist Psychiater und Psychotherapeut am Hôpital Sainte-Anne in Paris.
Er ist Autor zahlreicher Bücher, darunter:
Einfach glücklich: Der Schlüssel zu einem positiven Lebensgefühl.
Berlin: Aufbau Taschenbuch Verlag, 2012.
Die schöne Kunst des Innehaltens: Durch Meditation zu innerem Frieden finden.
München: Kailash, 2012.
Wer sich verändert, verändert die Welt (zusammen mit Jon Kabat-Zinn und Matthieu Ricard). München: Kösel, 2014.

THOMAS D'ANSEMBOURG hat sich beinahe zehn Jahre lang in einem Verein für Jugendliche in schwierigen Verhältnissen engagiert. Er ist ehemaliger Anwalt und hat verschiedene psychotherapeutische Ausbildungen durchlaufen, insbesondere in Gewaltfreier Kommunikation. Er leitet Fortbildungen und hält Vorträge und hat ebenfalls einige Bücher verfasst:
Endlich ICH sein: Wie man mit anderen zusammenleben und gleichzeitig man selbst bleiben kann.
Freiburg: Herder Verlag, 2004.
Hör auf zu träumen, fang an zu leben: Mit Gewaltfreier Kommunikation innere Blockaden lösen. Freiburg: Herder Verlag, 2006.
Qui fuis-je? Où cours-tu? À quoi servons-nous? Vers l'intériorité citoyenne? Paris: Éditions de l'Homme, 2008.

ISABELLE FILLIOZAT ist klinische Psychologin und Psychotherapeutin. Sie ist Verfasserin zahlreicher Bücher:
Elternliebe – Elternhass: Das lebenslange Drama zwischen Eltern und Kindern. München: Piper, 2005.
Sei, wie du fühlst: Mit Emotionen besser leben.
München: dtv, 2004.
Heute lach ich, morgen wein ich … Die emotionale Kraft unserer Kinder. München: dtv, 2003.

ÉRIC LAMBIN ist Geograf, Professor an der katholischen Hochschule von Louvain und an der Stanford University, wo er ein Team von fünfzehn Forschern leitet. Er ist außerdem Mitglied der Königlichen Akademie der Wissenschaften in Belgien und hat zahlreiche wissenschaftliche Artikel und zwei Bücher für die breite Öffentlichkeit geschrieben:
La Terre sur un fil. Paris: Éditions Le Pommier, 2004.
Die Glücksökologie: Warum wir die Natur brauchen, um glücklich zu sein. Hamburg: Hoffmann und Campe, 2014.

JACQUES LECOMTE ist Doktor der Psychologie, war Lehrbeauftragter an der Universität Paris-West Nanterre-La Défense und ist Ehrenpräsident der französischen und frankofonen Vereinigung für Positive Psychologie. Er ist Autor zahlreicher Bücher, darunter:
Donner un sens à sa vie. Paris: Odile Jacob, 2007.
Introduction à la psychologie positive (Hrsg.). Paris: Dunod, 2009.
La résilience: Se reconstruire après un traumatisme. Paris: Éditions Rue d'Ulm, 2010.

MATTHIEU RICARD ist Doktor der Molekularbiologie, buddhistischer Mönch, französischer Übersetzer des Dalai Lama und Fotograf. Er ist Autor zahlreicher Bücher wie:
Der Mönch und der Philosoph (mit Jean-François Revel). Köln: Kiepenheuer und Witsch, 2003.
Glück. München: Nymphenburger Verlag, 2007.
Meditation. München: Droemer/Knaur, 2011.

ILIOS KOTSOU forscht an der katholischen Universität von Louvain über die Psychologie der Emotionen, er ist in der betrieblichen Weiterbildung tätig und Gründungsmitglied von Émergences. Er hat viele wissenschaftliche Artikel und einige Bücher verfasst, darunter:
Intelligence émotionnelle et management. Paris: De Boeck, 2008.
Das kleine Übungsheft – Emotionale Intelligenz. München: Trinity Verlag, 2012.
Das kleine Übungsheft – Achtsamkeit. München: Trinity Verlag, 2013.

CAROLINE LESIRE ist Politologin und Projektleiterin bei *Mutualités chrétiennes* (einer christlichen Krankenversicherung) im Bereich der Kooperation und Entwicklung. Sie ist außerdem Präsidentin von Émergences.

BILDNACHWEIS

© Fotolia.com: S. 10: Marko Cerovac, S. 16: Tomo Jesenicnik,
S. 22: Olga Lyubkin, S. 32: stnazkul, S. 46: Poulsons Photography,
S. 64: Beboy, S. 72: Tyler Olson, S. 90: Foxy_A, S. 104: uthe,
S. 132: Juan Vte, S. 136: Matthieu Ricard
S. 137, S. 138 oben, S. 139 oben: picsbyclay@gmailcom
S. 138 Mitte, unten, S. 139 alle außer oben, S. 140: Gina van Hoof

ANMERKUNGEN

1 Gable S.L. & Haidt J.: »What (and why) is positive psychology?« *Review of General Psychology*, 2005, 9 (2): S. 103–110.

2 Lecomte J.: »Qu'est-ce que la psychologie positive?« http://www.psychologie-positive.net

3 Rogers C.: *Entwicklung der Persönlichkeit*. Stuttgart: Klett-Cotta Verlag, 1973.

4 Maslow A.: *Religions, Values and Peak Experiences*. New York: Viking, 1964. »A Theory of Human Motivation.« *Psychological Review*, 1943, 50/4: S. 370–396.

5 Seligman M.: *Der Glücks-Faktor: Warum Optimisten länger leben*. Bergisch-Gladbach: Bastei Lübbe, 2005.

6 Fredrickson B.: *Die Macht der guten Gefühle: Wie eine positive Haltung Ihr Leben dauerhaft verändert*. Frankfurt a.M.: Campus Verlag, 2011.

7 Lyubomirsky S.: *Warum Sie es in der Hand haben, glücklich zu leben*. Frankfurt a.M.: Campus Verlag, 2008.

8 Gilbert D.: *Suche dein Glück nicht, dann findet es dich von selbst*. München: Goldmann Verlag, 2008.

9 Gottman J.M., Coan J., Carrere C.: *Predicting marital happiness and stability from newlywed interactions* (Bd. 60). Hoboken, NJ: Wiley, 1998.

10 Fredrickson B.L. & Losada M.F.: »Positive affect and the complex dynamics of human flourishing.« *American Psychologist*, 2005, 60: S. 678-686.

11 Gable S.L., Reis H.T., Impett E.A. & Asher E.R.: »What do you do when things go right? The Intrapersonal and Interpersonal Benefits of Sharing Positive Events.« *Journal of Personality and Social Psychology*, 2004, 87: S. 228–245.

12 De Bouver É.: *Moins de biens, plus de liens: la simplicité volontaire: vers un nouvel engagement social*. Brüssel: Couleur Livres, 2008. [Vgl. auch Naish, J.: *Genug. Wie Sie der Welt des Überflusses entkommen*. Bergisch-Gladbach: Bastei-Lübbe, 2010, oder Korth, M.: *Die Kunst der Bescheidenheit*. Berlin: Allegria, 2008; Anm.d.Ü.]

13 Cooperrider D.L. & Whitney D.: »A positive revolution in change.« In: Cooperrider D.L., Sorenson P., Whitney D. & Yeager T. (Hrsg.): *Appreciative*

Inquiry: An Emerging Direction for Organization Development. Champaign, Ill.: Stipes, 2001, S. 9–29.
14 André C.: *Einfach glücklich. Der Schlüssel zu einem positiven Lebensgefühl.* Berlin: Ullstein Taschenbuch, 2005.
15 Ricard M.: *Glück*. München: Nymphenburger Verlag, 2007.
16 Seligman M. et al.: »Positive psychotherapy.« *American Psychologist,* 2006, 61: S. 774–788.
17 Ersner-Hershfield H. et al.: »Poignancy: mixed emotional experience in the face of meaningful endings.« *Journal of Personality and Social Psychology*, 2008, 94: S. 158–167.
18 Fung H. et al.: »The influence of time on social preferencies: implications for life-span development.« *Psychology and Aging*, 1999, 14: S. 595–604.
19 Diener E. et al.: »Happiness is the frequency, not intensitiy, of positive versus negative affect.« *In:* Strack F., Argyle M., Schwarz N. (Hrsg.): *The social psychology of subjective well-being*. Elmsford, NY: Pergamon Press, 1990, S. 119–139.
20 Chateaubriand: *Das Leben des Abbé de Rancé*. Zürich: Insel Verlag, 1977.
21 Casper K., Clore G.L.: »Attending to the big picture: mood and global versus local processing of visual information.« *Psychological Science*, 2002, 13: S. 34–40.
22 King L.A. et al.: »Positive affect and the experience of meaning in life.« *Journal of Personality and Social Psychology*, 2006, 90: S. 179–196.
23 Davidson R.J.: »Well-being and affective style: neural substrates and bio-behavioural correlates.« *Philosophical Transactions of the Royal Society*, 2004, 359: S. 1395–1411.
24 Lyubomirsky S. et al.: »Pursuing happiness: the architecture of sustainable change.« *Review of General Psychology*, 2005, 9: S. 111–131. Außerdem: Lyubomirsky S.: »Why are some people happier than others?« *American Psychologist*, 2001, 56: S. 239–249.
25 Nes R.B. et al.: »Subjective well-being: genetic and environmental contributions to stability and change.« *Psychological Medicine*, 2006, 36: S. 1033–1042.
26 Vaillant G.E. et al.: »Natural history of male psychological health, XV: retirement satisfaction.« *American Journal of Psychiatry*, 2006, 163: S. 682–688.
27 Kahneman D. et al. (Hrsg.): *Well-being. The foundations of hedonic psychology.* New York: Russell Sage, 1999.
28 Strack F. et al.: »Inhibiting and facilitating conditions of the human smile: a nonobstrusive test of the facial feed-back hypothesis.« *Journal of Personality and Social Psychology*, 1988, 54: S. 768–777.
29 Harker L.A., Keltner D.: »Expressions of positive emotion in women's college yearbook pictures and life outcomes across adulthood.« *Journal of Personality and Social Psychology*, 2001, 80: S. 112–124.
30 Snyder C.R., Lopez S.J.: *Handbook of Positive Psychology*. Oxford: Oxford University Press, 2002.
31 Wood, A.M. et al.: »Gratitude and well-being: A review and theoretical integration.« *Clinical Psychology Review*, 2010, 30: S. 890–905.
32 Kornfield J.: *Nach der Erleuchtung Wäsche waschen und Kartoffeln schälen.*

Wie spirituelle Erfahrung das Leben verändert. München: Goldmann Taschenbuch Verlag, 2010.

33 Thomas d'Ansembourg: *Qui fuis-je, où cours-tu, à quoi servons-nous? Vers l'intériorité citoyenne.* Montreal: Éditions de l'Homme, 1998.

34 Viveret P.: *Pourquoi cela ne va pas plus mal?* Paris: Éditions Fayard, 2005. Patrick Viveret ist Berater am französischen Rechnungshof und Philosoph.

35 Siehe die Meta-Analyse von Johnson R.T. & Johnson D.W.: »An overview of cooperative learning.« Im Internet abrufbares Dokument, etwa unter www.co-operation.org/home/introduction-to-cooperative-learning/. Siehe auch das schöne Experiment von Robert Pléty: *L'apprentissage coopérant.* Lyon: Presses universitaires de Lyon, 1986.

36 Manche Autoren verwenden die Begriffe »Monitoring« oder auch »Unterricht auf Gegenseitigkeit«.

37 Finkelsztein D.: *Le monitorat: s'entraider pour réussir.* Paris: Hachette, 1994.

38 Barley Z., Lauer P.A., Arens S.A., Apthorp H.S., Englert K.S., Snow D. & Akiba, M.: *Helping at-risk students meet standards: A synthesis of evidence-based classroom practices.* Aurora, CO: Mid-continent Research for Education and Learning, 2002. Cohen P.A., Kulik J.A. & C.C.: »Educational Outcomes and Tutoring: A Meta-Analysis of Findings.« *American Educational Research Journal*, 1982/19(2): S. 237–248.

39 Gartner A., Conway K. & Riessman F.: *Des enfants enseignent aux enfants; apprendre en enseignant.* Paris: Épi, 1973, S. 97.

40 Aspy D. & Roebuck F.: *On n'apprend pas d'un prof qu'on n'aime pas. Résultats de recherches sur l'éducation humaniste.* Montreal: Actualisation, 1990.

41 Damon W.: *The moral advantage. How to succeed in business in doing the right thing.* San Francisco: Berrett-Koehler Publishers, 2004. [Vgl. auch Grant A.: *Geben und Nehmen. Erfolgreich sein zum Vorteil aller.* München: Droemer, 2013; Anm. d. Ü.]

42 Greenleaf R.: *Servant Leadership.* Mahwah NJ: Paulist Press, 1977.

43 *Ibid*, S. 7.

44 *Ibid.* S. 10.

45 Cerit Y.: »The Effects of Servant Leadership Behaviours of School Principles on Teachers' Job Satisfaction.« *Educational Management Administration & Leadership*, 2009, 37(5), S. 600-623. Irving J.A.: »Exploring the relationship between servant leadership and team effectiveness.« Paper presented at the Servant Leadership Research Roundtable, Regent University, School of Leadership Studies, 2005.

46 Zitiert in: De Hennezel M.: *Le souci de l'autre.* Paris: Pocket, 2008.

47 Stewart M.A.: »Effective physician-patient communication and health outcomes: A review.« *Canadian Medical Association Journal*, 1995, 152(9), S. 1423–1433.

48 Girandola F.: »Persuasion et santé publique.« In Bonardi C., Girandola F., Roussiau N. & Soubiale N. (Hrsg.): *Psychologie sociale appliquée. Environnement, santé, qualité de vier.* Paris: In Press, 2002, S. 121–139.

49 Kim S.S., Kaplowitz S. & Johnston M.V.: »The effects of physician empathy in patient satisfaction and compliance.« *Evaluation and the Health Professions*, 2004, 27(3), S. 237-251.

50 Beach M.C., Sugarman J., Johnson R.L., Arbelaez J.J., Duggan P.S. & Cooper L.A.: »Do patients treated with dignity report higher satisfaction, adherence, and receipt of preventive care?« *Annals of Family Medicine*, 2005, 3(4), S. 331-338.
51 Murphy S. & Bennett P.: »Health Psychology and Public Health: Theoretical Possibilities.« *Journal of Health Psychology*, 2004, 9(1), S. 13-27. Girandola F.: *Persuasion et santé publique, 2002, op. cit.*
52 Wammes B., Breedveld B., Looman C. & Brug J.: »The impact of a national mass media campaign in the Netherlands on the prevention of weight gain.« *Public Health Nutrition*, 2005, 8(8), S. 1250-1257.
53 Witte K. & Allen M.: »A meta-analysis of fear appeals: Implication for effective public health campaigns.« *Health Education and Behaviour*, 2000, 27(5), S. 591-615.
54 Bandura A.: *Self-efficacy: The exercise of control.* New York: Freeman, 1997.
55 Toll B., O'Malley S.S., Katulak N.A., Wu R., Dubin J.A., Latimer A., Meandzija B., George T.P., Cooney J.L., Salovey P.: »Comparing gain- and loss-framed messages for smoking cessation with sustained-release bupropion: A randomized controlled trial.« *Psychology of addictive behaviours*. 2007, 21: S. 534-544. Schneider T.R., Salovey P., Pallonen U., Mundorf N., Smith N.F. & Steward W.T.: »Visual and auditory message framing effects on tobacco smoking.« *Journal of Applied Social Psychology*, 2001, 31, S. 667-682.
56 Dalai Lama & Cutler H.C.: *Die Regeln des Glücks*. Bergisch Gladbach: Gustav Lübbe Verlag, 1999. Ricard M.: *Glück*. München: Nymphenburger Verlag, 2007.
57 Shantarakshita: *The Adornment of the Middle Way: Shantarakshita's Madhyamakalankara with Commentary by Jamgon Mipham*. Translated by the Padmakara Translation Group. Boston: Shambhala Publications, 2005. Wallace A.B.: *Choosing Reality: A Buddhist View of Physics and the Mind*. Ithaca, NY: Snow Lion Publications, 2003.
58 Shantideva: *Der Weg des Lebens zur Erleuchtung: Das Bodhicaryavatara*. München: Diederichs, 2005. Kunzang Pelden: *The Nectar of Manjushri's Speech: A Detailed Commentary on Shantideva's Way of the Bodhisattva*. Translated by the Padmakara Translation Group. Boston: Shambhala Publications, 2007.
59 Ricard M.: *Glück*. München: Nymphenburger Verlag, 2007. Ricard M.: *Meditation*. München: Knaur Verlag, 2011.
60 Dilgo Khyentse: *The Heart of Compassion: The Thirty-Seven Verses on the Practice of Bodhisattva*. Translated by the Padmakara Translation Group. Boston: Shambhala Publications, 2007.
61 Galin D.: »The Concepts of ›Self‹, ›Person‹ and ›I‹ in Western Psychology and in Buddhism.« In Wallace B.A. (Hrsg.): *Buddhism & Science, Breaking New Ground*. New York: Columbia University Press, 2003.
62 Dilgo Khyentse: *Das Herzjuwel der Erleuchteten*. Bielefeld: Kamphausen/Theseus, 2013.
63 http://www.emergences-asbl.org